ÁLEX ROVIRA E FRANCESC MIRALLES

STORIE PER VOLERCI PIÙ BENE

Illustrazioni di Raquel Díaz Reguera

Traduzione di Sara Cavarero

SALANI EDITORE

Titolo originale:
Cuentos para quererte mejor

ISBN 978-88-3100-185-4

Per essere informato sulle novità
del Gruppo editoriale Mauri Spagnol visita:
www.illibraio.it

Prima edizione: ottobre 2019
Prima ristampa: febbraio 2020

dal 1862
Gruppo editoriale Mauri Spagnol
Milano
www.salani.it

Fotocomposizione: Simona Gilberti

Finito di stampare
nel mese di febbraio 2020
per conto della Adriano Salani Editore s.u.r.l.
da Grafiche Stella s.r.l.
San Pietro di Legnago (VR)
Printed in Italy

Dedicato a tutti i bambini e le bambine geniali
che creeranno un futuro migliore.

IL PERCHÉ DI QUESTO LIBRO

Sono molte e valide le opere che hanno lo scopo di educare ai valori durante l'infanzia, ma ancora non c'era un libro che aiutasse le bambine e i bambini a coltivare l'autostima attraverso racconti in grado di risvegliare la loro immaginazione, la loro allegria e l'amore verso se stessi, cosa che permetterà loro di amare in maniera equilibrata gli altri.

Il professor Antoni Bolinches sostiene che i bambini cresciuti senza una sufficiente autostima passeranno la vita adulta cercando di comprare l'amore degli altri attraverso relazioni non equilibrate o persino tossiche, svilupperanno una dipendenza dalle opinioni altrui e uno smodato desiderio di compiacere tutti, e questo significa infelicità assicurata.

In ogni adulto insicuro c'è un bambino o una bambina che non ha capito l'importanza dell'autostima, che non ha saputo accettarsi e offrirsi al mondo per la meraviglia che era, unica e irripetibile, come sosteneva il maestro Pau Casals.

La scrittrice afroamericana Toni Morrison dice che se c'è un libro che vorresti leggere ma che ancora non esiste, dovrai scriverlo tu. Ecco perché abbiamo deciso di creare quest'opera, affinché i genitori condividano con le proprie figlie e i propri figli questi racconti che li faranno riflettere sul proprio valore, sul diritto di essere felici al mondo per quello che sono, non per quello che gli altri vogliono che siano.

Al di là del divertimento e della fantasia che vogliamo offrire alle bambine e ai bambini di tutte le età, ognuna di queste trentacinque storie illustra un aspetto importante per integrare l'autostima nella propria vita, come un faro che permetterà loro di essere persone sicure, indipendenti, rispettose – con sé e con gli altri –, persone che sanno amare perché hanno imparato ad amarsi.

Grazie per l'aiuto che ci offrite nel coltivare questi semi per un mondo più bello, umano e consapevole.

Álex Rovira & Francesc Miralles

Indice

1

L'AQUILA CHE NON VOLEVA VOLARE

Quando l'unica alternativa è lanciarsi

Tanti secoli fa, viveva un re molto potente a cui piacevano molto gli uccelli. Non solo gli piacevano, ne era affascinato!

Nel suo palazzo, aveva un enorme giardino in cui ne vivevano migliaia, alcuni in gabbie dorate e altri, quelli più addomesticati, liberi. Alcuni erano belli per via dei loro colori e altri per come cantavano; alcuni erano grandi come uomini e altri così piccoli da stare nel taschino del primo ministro; alcuni poi avevano piume morbidissime e altri parlavano come te.

Quando il re non era preso dagli affari di governo, passava ore e ore nel suo piccolo paradiso alato. Tutti quegli uccelli lo rendevano molto felice.

Tutti? Quasi tutti...

Ce n'era uno che non sapeva né cantare né parlare. Le sue penne erano ruvide e di uno sporco color marrone. Se ne stava ore immobile su un ramo, senza dire nulla. Era un'aquila.

«Mio signore, ma perché lo tenete se non serve a nulla?» gli chiese un pomeriggio il suo servo più giovane.

«Me lo donò il sultano di Oriente quando era solo un pulcino… Mi assicurò che non avrei mai visto volare un uccello così in alto! Ma è trascorso più di un anno e non si è mai mosso da quel ramo, né di giorno né di notte. Non capisco!»

Per tutto quel tempo, i servitori gli avevano offerto ottimo cibo, lo avevano protetto dai temporali con una speciale tettoia, e sottoposto alle cure di un veterinario esperto. I domestici gli parlavano con gentilezza e i musicisti di palazzo suonavano soltanto per lui.

Ma nulla serviva a far spiccare il volo a quel regalo del sultano, per cui il re fece arrivare i migliori addestratori del mondo.

«L'aquila è sana e felice. Ma le manca una compagna più vecchia che possa farle da maestra» disse il primo.

Il re fece quindi portare l'aquila più vecchia di tutto il regno. Il giovane aquilotto la osservava alzarsi dal ramo, felice e fermo, finché l'aquila più anziana si stancò di volare per lui e scomparve.

Il secondo addestratore disse: «Le insegnerò io a volare». Salì sull'albero e si lanciò giù legato con delle funi. Una, due, tre volte. Una mattina le corde cedettero e lui si schiantò a terra, rompendosi le braccia e una gamba. L'aquila non si mosse nemmeno.

Per diverso tempo, continuarono ad arrivare addestratori da tutti gli angoli della Terra, perché il re pagava molto bene, ma nessuno riusciva a far volare l'aquila.

Il re perse le speranze e parecchio denaro.

«La dovrò fare uccidere» disse un mattino a un giovane servo.

«È un pessimo esempio per tutti i miei uccelli!»

Il servo, che si era affezionato a quell'uccello, gli chiese un'ultima opportunità. Il re gliela concesse, convinto che non ce l'avrebbe fatta. Poiché era un bravo servo che lavorava sodo, voleva che fosse contento.

A mezzogiorno, il re lo andò a chiamare in giardino.

Quello che vide lo sbalordì! Non riusciva a credere ai suoi occhi... La sua aquila ora era la regina dei cieli. Volava tra le nuvole e le sue ali toccavano quasi il sole.

«Come hai fatto? Com'è possibile se i migliori esperti del mondo hanno fallito?»

«È stato semplice, maestà...» rispose l'altro sorridendo. «Ho tagliato il ramo».

Da allora, l'aquila vola così in alto che, stando a quanto raccontano i saggi, la si può vedere fin da lontano.

PER PENSARE E CRESCERE

La comfort zone

È così che gli esperti chiamano il luogo in cui ci sentiamo a nostro agio. E non stiamo parlando di una poltrona! La tua *comfort zone* può essere:

- gli amici che ti parlano sempre delle stesse cose;
- il videogioco che conosci a memoria;
- le cose che fai sempre perché ti vengono bene;
- o, semplicemente, non fare nulla perché in fondo è la cosa migliore.

Se vuoi spiccare il volo come la giovane aquila dal suo ramo, devi provare cose nuove: imparare a suonare e a goderti un nuovo strumento, imparare una lingua che ti porterà a conoscere amici e amiche che oggi nemmeno puoi immaginare, sfidare quello che ti spaventa ma con i piedi ben saldi a terra e buon senso per ampliare man mano quelle aree della realtà che ti stanno aspettando per sorprenderti e renderti una persona migliore.

All'inizio ti sentirai insicuro, ma poi sarai felice di aver allargato il tuo mondo.

È la paura di perdere che ci fa perdere, e sono il coraggio e la voglia di crescere che danno le ali a noi e alle persone che amiamo.

Nel corso della vita noi tutti dobbiamo lanciarci da molti rami se vogliamo continuare a vivere con gioia e dignità. E quando lo facciamo, mostriamo anche agli altri quanto è bello e necessario correre il rischio e volare.

2

DUE MENDICANTI E UN PERICOLO

Le difficoltà ci uniscono

In un bosco vicino a una grande città vivevano due mendicanti, ciascuno nella propria baracca. Uno era cieco e l'altro era zoppo.

Pur essendo vicini, era da così tanto tempo che non si rivolgevano più la parola che nessuno dei due ne ricordava il motivo. Forse avevano litigato per qualche avanzo di cibo, per una moneta o per una vecchia coperta. O forse si erano allontanati senza motivo.

Una notte scoppiò un terribile temporale e un fulmine colpì un albero che iniziò a bruciare. In un batter d'occhio, il fuoco si diffuse a un altro albero, e poi a un altro e a un altro ancora... In breve, l'intero bosco si trasformò in un rogo. Stava andando tutto a fuoco!

Lo zoppo si accorse di non poter fuggire, perché il fuoco era molto più veloce di lui. Non riusciva a correre abbastanza in fretta

da salvarsi! Il cieco sapeva che le sue gambe erano molto veloci. Ma i suoi occhi non erano in grado di vedere alcun sentiero.

La morte li braccava, entrambi ne sentivano l'odore. A quel punto, la paura li portò a ragionare, proprio come accade quando ci si trova davanti a qualcosa di molto serio.

Allo zoppo venne l'idea giusta e iniziò a gridare, chiamando il suo vicino. Il cieco, facendosi guidare dalla sua voce, raggiunse la porta della catapecchia e gli chiese cosa volesse.

«Tu puoi correre e io posso vedere... insieme ci possiamo mettere in salvo!»

Detto fatto, lo zoppo salì a cavalcioni sulla schiena del cieco, che aveva gambe forti, e iniziò a guidarlo attraverso il fumo e le fiamme. Corsero così tanto che riuscirono a lasciarsi alle spalle il fuoco e il bosco.

Poco dopo, arrivati in città e al sicuro, festeggiarono la loro fortuna... e la nuova amicizia che era nata quella sera! Da quel giorno in poi andarono ovunque insieme, ridendo e chiacchierando come vecchi amici.

La paura di morire li aveva uniti per vivere.

PER PENSARE E CRESCERE

Unire capacità e credenze che ci sostengono

I giapponesi dicono: nessuno è così forte quanto tutti noi messi insieme. Quando sei in difficoltà, è possibile che tu ti senta debole e vulnerabile, ma pensa che anche gli altri hanno le loro paure e i loro limiti.

Ecco perché ti devi concentrare sui tuoi punti di forza, come lo zoppo e il cieco.

Se sai in cosa sei bravo, e impari a vedere le virtù degli altri, insieme potete fare grandi cose.

Pensa che ciò in cui credi può dare ali alle tue capacità oppure farle affondare.

Ci sono persone che nascono con grandi capacità ma che non si mettono in gioco, e ci sono persone teoricamente 'incapaci' che ottengono cose straordinarie nella vita, perché sono sicure di potercela fare. Senza dubbio, ottiene di più chi vuole piuttosto che chi può, ancora di più se lo fa insieme a qualcuno che ama davvero.

3

IL PICCOLO GRANDE ARCIERE

Questione d'immaginazione

Juan era un bambino che non aveva voglia di andare a scuola. Certe mattine se ne restava da solo nel bosco: adorava arrampicarsi sugli alberi e inseguire i conigli. Suo nonno gli aveva regalato un arco perché imparasse a cacciarli.

Il piccolo abitava vicino al castello del duca Augusto, a cui piaceva molto uscire per andare a caccia. Si vantava sempre dei cervi, delle volpi e degli orsi che catturava. Affermava di essere il migliore cacciatore di quelle terre.

Finché, una mattina in cui aveva ospiti importanti, non riuscì a prendere nessuno degli animali che avvistarono nel bosco.

Non poteva credere a una tale sfortuna! Che ne era stato della sua mira? Non una sola delle sue frecce aveva raggiunto il branco di cinghiali che stava inseguendo. Il duca e i suoi amici stavano tornando arrabbiati al castello, quando s'imbatterono nel piccolo Juan con il suo arco.

Per loro sorpresa, accanto al bambino c'erano sei alberi con dipinto sopra un cerchio bianco e una freccia conficcata proprio nel centro.

Augusto scese subito dal cavallo.

«Dov'è tuo padre?» chiese a uno spaventato Juan che temette di essersi messo in guai seri, visto che quegli alberi appartenevano al duca.

«Lui non sa niente, signore, sta lavorando da quando è sorto il sole. La colpa è mia e solo mia!»

Il duca Augusto non disse nulla. Si avvicinò a ognuno dei suoi alberi e osservò attentamente le frecce. Pensò che quel ragazzino che si stava scusando era senza dubbio speciale.

«Le chiedo perdono, signore, e le prometto che farò tutti i lavori che mi ordinerà per aver ferito i suoi alberi. Io volevo solo fare pratica...»

«Hai scoccato tu le frecce?» chiese l'uomo al piccolo.

«Sì... Mi punirà?»

«Punirti? E perché mai dovrei farlo? Complimenti, ragazzo! Nemmeno io sarei riuscito a centrare quei bersagli bianchi» sorrise. «Dimmi, chi ti ha insegnato a tirare con l'arco? Voglio conoscere il tuo maestro!»

Juan gli spiegò che era stato suo nonno, ma che non era molto bravo ed ecco perché stava facendo pratica quella mattina. Era un principiante...

«Non dire idiozie, ragazzo» disse il duca. «Nessuno, a meno di possedere un'ottima mira, è in grado di fare quello che tu sei riuscito a fare».

«Signore, ma è che io prima scocco la freccia e poi ci disegno intorno il cerchio. Lo faccio perché questo mi spinge a continuare a esercitarmi perché so che alla fine, un giorno, riuscirò a cogliere al primo colpo il centro del bersaglio».

Il duca Augusto iniziò a ridere come un matto. Le sue risate contagiarono i suoi amici e poi tutti i suoi uomini.

Quella mattina, il potente cacciatore imparò che spesso l'arma più potente è l'immaginazione.

PER PENSARE E CRESCERE

Vedere per credere o credere per vedere?

Certi giorni vediamo tutto nero o non riusciamo a trovare la soluzione a un problema, ma questo non significa che non ci sia. Siamo semplicemente 'offuscati', come dicono gli adulti, ovvero non siamo in grado di vedere quello che abbiamo sotto il naso.

Preso dalla rabbia, il duca non capisce come sia possibile che un ragazzino possa colpire così tante volte il centro del bersaglio, a differenza sua.

Come accade con molti problemi della vita, basta guardarli al contrario: se la freccia non va al bersaglio, disegneremo un bersaglio intorno alla freccia e così visualizzeremo il risultato che desideriamo. Sono tanti i grandi sportivi che, durante gli allenamenti, hanno utilizzato questa tecnica per caricarsi di forza ed entusiasmo nel loro processo di continuo miglioramento.

Spesso dobbiamo vedere per credere, ma in tanti casi è meglio crederci per poter vedere.

4

VISTA DALL'AUTOBUS

Attenzione ai giudizi

Un impiegato che si era allontanato dal lavoro per andare a trovare sua madre in ospedale, al momento di rientrare andò a prendere un autobus che fermava proprio lì davanti. Quella mattina, la sua capa non c'era e non valeva la pena spendere soldi per un taxi.

Alla fermata c'erano un padre con il figlio, che avrà avuto almeno dodici anni. Quando l'autobus arrivò, occuparono gli ultimi posti liberi e l'impiegato si sedette dietro i suoi compagni di fermata.

Quando l'autobus mise in moto, il bambino appiccicò la faccia al finestrino ed esclamò: «Guarda, papà! Ci sono due alberi davanti a una casa...»

Il padre guardò compiaciuto ciò che gli indicava il figlio, che subito dopo proseguì: «E un cane! Quella signora grassa sta portando a spasso il suo cane!»

Stupito dal fatto che quel ragazzino si comportasse come un bambino piccolo, l'impiegato seguì la conversazione tra padre e figlio: «Papà, guarda quelle nuvole che si muovono nel cielo… quanto sono grandi!»

«Sì, figliolo, e una assomiglia a una balena» rispose l'uomo, rilassato e felice.

«Lì davanti c'è un edificio di dieci piani!» annunciò il ragazzino che si alzò per correre in testa all'autobus, accanto all'autista, e poter osservare da lì un brutto edificio in cemento armato.

L'impiegato ne approfittò per rivolgersi al padre: «Scusi se mi intrometto dove non dovrei, ma suo figlio si comporta come un bambino molto piccolo… Non ha mai pensato di portarlo da un bravo dottore?»

Il padre sorrise e gli rispose gentile: «Siamo già stati da un bravo dottore… il migliore! Mio figlio era cieco dalla nascita e gli hanno fatto un trapianto di cornea. Oggi è il primo giorno che vede il mondo di cui ha sempre sentito parlare tanto».

PER PENSARE E CRESCERE

Tutti hanno la propria storia

Noi esseri umani tendiamo a giudicare troppo spesso cose che non capiamo. Ci creiamo le nostre idee e giudichiamo con grande facilità gli altri, pur senza conoscerli.

A questo proposito, Platone diceva: «Ogni persona che incontri sta combattendo una battaglia di cui non sai nulla».

L'impiegato di questo racconto trae le proprie conclusioni sul ragazzo che si meraviglia di tutto ciò che vede dal finestrino dell'autobus, ma non sa perché agisce in quel modo.

È esattamente quello che ci accade quando ci arrabbiamo con gli altri o non ci capiamo. Ci ripetiamo frasi tipo: 'Se fossi al suo posto, io avrei fatto così e cosà'. Ma la verità è che tu non sei quella persona e non ti trovi nella sua situazione. Non sei al suo posto.

Prima di giudicare qualcuno o di dispiacerti per quello che fa o non fa, assicurati di conoscere bene la sua storia. Magari potrebbe sorprenderti!

5

IL MESSAGGIO DELL'ANELLO

Né il bene né il male sono per sempre

«Mi stanno fabbricando il più bell'anello del mondo, con il diamante più grande» disse l'imperatore ai suoi consiglieri «e l'oracolo mi ha detto che sotto il diamante devo far incidere un messaggio magico, un sortilegio per i momenti di disperazione. Aiutatemi a trovare la frase migliore!»

Per tre giorni e tre notti a palazzo non dormì nessuno. Tutti desideravano essere colui che avrebbe offerto il motto migliore al proprio sovrano, un uomo generoso che sapeva ricompensare coloro che lo servivano bene.

Gli presentarono trattati di astronomia, testi in aramaico e formule matematiche estremamente complesse. L'imperatore li rifiutava tutti disperato: aveva soltanto bisogno di due o tre parole in grado di dare sollievo, e nessuno dei suoi saggi le riusciva a trovare!

«Signore, so che non so nulla, sono soltanto un umile contadino» lo interruppe un anziano, «ma a volte se si è vecchi si sa di più che se si è intelligenti. Nella mia lunga vita ho conosciuto molte persone che sono passate attraverso ogni sorta di calamità. Contadini che hanno perso raccolti, pastori a cui i lupi hanno divorato tutto il gregge...»

L'imperatore prestava attenzione alle parole del contadino, che proseguì: «Ma la cosa più meravigliosa che mi sia capitata è stata la visita di un pellegrino al quale ho offerto vitto e alloggio. Il mattino dopo, per ringraziarmi dell'ospitalità, mi ha riferito un messaggio che mi ha tolto tutte le preoccupazioni. Posso darvelo, ma lo dovete nascondere nell'anello e leggerlo soltanto quando non troverete la via d'uscita a una situazione, quando tutto il resto non avrà funzionato».

Colpito da quella storia, l'imperatore accettò il misterioso messaggio che era piegato e sigillato accuratamente. Lo consegnò al gioielliere affinché lo posizionasse sotto il diamante e se ne dimenticò.

Un anno dopo, il suo regno fu invaso e l'imperatore dovette fuggire da solo a cavallo. Dopo aver attraversato un bosco e aver scalato una ripida montagna, si trovò dinanzi a un precipizio con i nemici che gli bloccavano ogni via di fuga.

Credendo che ormai fosse giunta la fine, si ricordò dell'anello che quel giorno portava all'anulare.

Strappò via il grande diamante e aprì il foglietto che il contadino gli aveva consegnato con tanta dedizione: 'ANCHE QUESTO PASSERÀ'.

L'imperatore si disse che era vero. Avrebbe potuto essere ammazzato, avrebbe potuto cadere nel precipizio, quel brutto momento sarebbe comunque passato.

E mentre pensava a tutto ciò, si fece silenzio e una dolce pace sembrò avvolgere tutto. I nemici si erano forse persi nel bosco? O avevano deciso di retrocedere, scoraggiati?

Guardò attentamente il foglietto e si sedette, pervaso dalla calma, sul bordo del precipizio.

Un'ora dopo, un gruppo di fedeli soldati arrivò in suo aiuto e gli spiegò che l'esercito nemico si era disperso dopo una lite tra due capi. I suoi uomini ne avevano approfittato per riconquistare il regno, e ora era tornata di nuovo la pace.

L'imperatore decise di festeggiare in grande la sua vittoria: invitò tutto il suo popolo a una settimana di banchetti, tornei e balli. Si affacciò al balcone del palazzo per ricevere gli applausi della sua gente. C'erano tutti: grandi e bambini, uomini e donne, persino i gatti e i cani!

Tuttavia, l'imperatore desiderava incontrare il contadino per ringraziarlo del dono di quelle tre parole che, rasserenando il suo cuore, gli avevano salvato la vita.

All'imbrunire, salì in sella al suo cavallo e andò a cercarlo per consegnargli un regalo e restituirgli il messaggio del pellegrino, ora che regnavano di nuovo la pace e la prosperità.

Ma il contadino gli disse: «Chi ti ha detto che questo messaggio era solo per i tempi bui? La sua verità è ineccepibile e serve sia per i momenti difficili sia per i momenti belli».

Non capendo cosa gli avesse voluto dire, l'imperatore lesse di nuovo il messaggio: 'ANCHE QUESTO PASSERÀ'.

«Niente resta, tutto passa» disse il contadino, «sia le cose brutte sia le cose belle. Quel che ci accade e le emozioni che proviamo. La gioia e la tristezza, la paura e la sicurezza, il dolore e la felicità sono le facce di una stessa moneta, la nostra vita. Bisogna vivere il momento e saper accettare tutto».

PER PENSARE E CRESCERE

Le due lezioni

Quando ci accade qualcosa di brutto, spesso pensiamo che non saremo mai più felici. E avviene lo stesso anche in senso opposto: riceviamo una buona notizia e pensiamo che da quel momento in poi sarà tutto rose e fiori. Ma le cose cambiano, ed è un bene che sia così.

Ecco due lezioni che possiamo imparare dal messaggio dell'anello per vivere meglio ciò che ci capiterà:

1. non bisogna disperarsi dinanzi a una brutta giornata o a una brutta notizia, perché 'anche questo passerà';
2. poiché 'anche questo passerà', quando ci accadrà qualcosa di bello godiamone finché dura.

Dietro a questo potente messaggio si nasconde un vero tesoro: vivi appieno il presente, il momento presente. Se devi fare i compiti, falli bene. Se devi allenarti, dai il meglio di te. Se perdi una partita, impara dagli errori e continua a migliorare. E se vinci una partita, rifletti su cosa ti ha portato alla vittoria. Vivi al massimo il presente perché è tutto ciò che abbiamo.

6

LA TORTORA E IL BARBAGIANNI

Ovunque tu vada, sii sempre te stesso

Racconta una vecchia fiaba che un barbagianni e una tortora erano vicini di bosco. Il primo era sempre scocciato perché nessuno apprezzava il suo canto, così, un giorno, disse alla sua amica di volersene andare lontano.

«Ma… dove andrai?» chiese la tortora, preoccupata.

Il mondo era molto grande e pericoloso. L'amica non riusciva a capire come mai volesse andarsene visto che nel loro bosco vivevano in pace, avevano da mangiare e una casa confortevole.

«Mi trasferirò al Nord» rispose sicuro il barbagianni.

«Cosa c'è al Nord che qui non abbiamo?» volle sapere la tortora.

«Mi hanno detto che lì la gente è molto colta e intelligente» rispose il barbagianni. «Qui nessuno apprezza il mio gracchiare. Io mi sforzo, tu lo sai bene, e in cambio non fanno che prendermi in giro. Garantito che là andrà meglio».

La tortora ci pensò su per un bel po', prima di rispondere: «Io credo che non cambierà nulla sia che tu vada al Nord sia che tu vada al Sud».

Il barbagianni spalancò i suoi occhi enormi, rotondi come due arance. Era sorpreso. Non capiva cosa volesse dire.

«Sei in grado di cambiare la tua voce?» gli chiese la tortora.

Il barbagianni fece cenno di no con la testa. Certo che la sua amica a volte faceva domande proprio stupide!

«E allora non importa dove vai. Se la tua voce è la stessa, se tu sei lo stesso, le cose saranno simili ovunque. Non piacerai nemmeno a quelli del Nord». E dopo una pausa di riflessione, aggiunse: «Se ti piaci per come sei, starai bene dappertutto, e non ti importerà l'opinione degli altri. E se invece non ti piaci, allora hai un bel lavoro da fare su te stesso».

PER PENSARE E CRESCERE

L'unica persona che possiamo cambiare

A volte ci lamentiamo degli altri, vorremmo che fossero diversi, vorremmo poterli cambiare. Ma è praticamente impossibile.

C'è soltanto una persona al mondo che puoi cambiare, se è quello che desideri: te stesso.

Un vecchio proverbio indiano dice: è più facile proteggersi i piedi con i sandali che ricoprire di tappeti tutta la terra.

Il barbagianni non può cambiare la sua voce, ma ogni persona ha in sé un'incredibile capacità di trasformazione. Ecco perché non è necessario andare a nord o a sud. Il grande cambiamento è dentro di te. Decidi quel che vuoi essere e fai quanto necessario per renderlo possibile perché, anche se nulla cambia, se tu cambi, cambia tutto.

7

PARADISO O INFERNO

Condividere è il modo più felice di vivere

Uno studente giapponese era rinchiuso da oltre due anni in una biblioteca: consultava libri, manoscritti, scriveva e cancellava quel che scriveva. Voleva scoprire quale fosse la vera differenza tra il cielo e l'inferno.

Un bel giorno, il vecchio bibliotecario, un monaco che da oltre vent'anni aveva fatto il voto del silenzio, decise di parlargli perché gli dispiaceva profondamente che sprecasse così la sua vita.

«Ho avuto una lunga vita e, prima di essere un bibliotecario, ho girato per tutto il paese. Ho imparato molto e ho deciso di tacere perché mi sembrava che non ci fosse nulla da dire che valesse la pena. Ma vedo che tu, ragazzo, sei perseverante come un monaco... magari posso aiutarti».

«È un onore che tu ti rivolga a me, maestro. È da tempo che mi preoccupa una sola cosa: qual è la differenza tra il paradiso e l'inferno? Poiché da lì non è mai tornato nessuno per raccontarlo, non so come fare a scoprirlo».

Prima di rispondere, il bibliotecario chiuse gli occhi e annuì: «Tu sei stato lì. In realtà sei stato in entrambi i luoghi... anche se non lo ricordi» spiegò allo studente stupefatto. «Ma, prima, permettimi di raccontarti qualcosa. Molto tempo fa, i mesi passavano senza che cadesse una goccia d'acqua. I fiumi e i laghi si asciugarono. La terra si crepò e le coltivazioni andarono perse. C'era sempre meno da mangiare. Fu in quell'epoca che ebbi una rivelazione».

«Quale?» chiese il giovane, molto interessato.

«Vidi un mucchio di riso pronto per essere mangiato. Molti uomini e donne cercavano di afferrare i chicchi con lunghi bastoncini, ma non riuscivano a portarseli alla bocca, per cui con-

tinuavano a essere affamati. I bastoncini erano troppo lunghi. Mi accorsi che quel che stavo vedendo era l'inferno». Dopo un profondo respiro, il monaco proseguì. «Un po' più in là, un altro gruppo di persone si trovava davanti a una montagna di riso uguale all'altra. Ma questi mangiavano. E sai perché?»

Lo studente si strinse nelle spalle.

«Prendevano il riso con lunghi bastoncini ma, poiché non riuscivano a portarli alla propria bocca, li portavano a quella degli altri. E così, insieme, trovarono il modo di mangiare. Questo era il cielo».

PER PENSARE E CRESCERE

Chi aiuta si aiuta

Le persone generose, che prendono parte a incontri di beneficenza e che dedicano parte della propria vita ad aiutare gli altri, sono molto più felici per una semplice ragione: essere utili agli altri ci fa stare bene.

Un anziano svedese che abbiamo conosciuto, andato in pensione è caduto in una profonda tristezza. Sentiva che la sua vita era vuota. Finché una mattina, in visita in un ospedale, ha scoperto che c'erano molti malati che passavano ore e ore da soli.

Siccome da giovane aveva fatto parte di un coro, l'anziano ha iniziato a cantare ogni giorno per quei malati solitari che si rilassavano e sorridevano grati per la sua visita. Il pensionato non si è mai più sentito triste.

Un cuore diventa grande quando fa suo il battito di altri cuori. La saggezza si conquista attraverso il cuore e il collegamento con gli altri. In realtà, come dice Alejandro Jodorowsky, quello che dai lo dai a te stesso, quello che non dai lo togli a te stesso.

8

I TRE LEONI

Provarci una, due, tre volte

Nell'angolo più sperduto della foresta africana, la scimmia convocò in consiglio urgente tutti gli animali. Il vecchio leone, che governava da oltre trent'anni, era morto. Dovevano prendere una decisione sul futuro del regno.

Per prima parlò la scimmia: «Amici, il vecchio re aveva tre figli giovani. Che cosa facciamo?»

«Una foresta non può avere tre re!» urlò la giraffa, sempre spaventata.

«Possiamo obbedire a un solo capo!» affermò, preoccupato, il sensato elefante. «Se no sarà una baraonda!»

«Vogliamo la pace...» sibilarono i serpenti, anche se nessuno credette loro.

Tutti gli animali, grandi e piccoli, iniziarono a urlare contemporaneamente, a miagolare, a ululare... La paura si stava diffondendo e stava iniziando a conquistare i loro cuori.

A quel punto alla scimmia venne un'idea: «Sottoponiamo ogni giovane leone a una prova, che sia molto difficile! Chi la supererà sarà degno di essere il nostro re».

Dopo averci pensato un attimo, aggiunse: «Il primo che riuscirà a scalare la Grande Montagna sarà il vincitore!»

Parve a tutti un'idea brillante e così la spiegarono ai tre principi della foresta. Mai nessuno era riuscito a salire su quella montagna! Di sicuro, era la missione adatta a un vero capo. I tre leoni, che erano orgogliosi e coraggiosi, accettarono la proposta. Volevano tutti vincere!

L'aquila più vecchia del posto arrivò volando e si posizionò sul ramo più alto di un albero sulla strada, senza dire nulla, ma osservando quello che stava succedendo.

Il primo leone partì di corsa, ma a metà montagna si arrese. Il secondo iniziò più lentamente, ma anche lui non ce la fece. Il terzo fratello ebbe una sorte ancora peggiore: si storse una zampa e non riuscì a raggiungere la vetta.

I tre aspiranti re si intristirono, e il resto degli animali divenne preda della preoccupazione. Cosa potevano fare? Avevano perso tutti! Era una cosa impensabile.

A quel punto l'aquila scese a terra e prese la parola: «Io so chi deve essere il nostro re!»

Si diffuse un mormorio: ma chi è lei per parlare così? Come osa? Quando iniziarono ad andarsene, la scimmia, che era da sempre molto curiosa, le chiese: «Come fai a saperlo? Nessuno è più forte, più veloce o più coraggioso degli altri! Hanno fallito tutti e tre. Sono uguali».

«Questo non è vero» dichiarò l'uccello. «Dall'albero sono riuscita a sentire cosa diceva ognuno di loro tornando sconfitto dalla Grande Montagna».

Gli animali si misero ad ascoltare, molto interessati.

«Il primo leone ha urlato: 'Montagna, mi hai vinto!' Il secondo: 'Montagna, mi hai vinto!' Ma il terzo...»

Tacque un attimo e guardò tutti gli animali incuriositi. All'aquila piaceva stare al centro dell'attenzione, per cui li fece aspettare un po' prima di concludere.

«Il terzo ha detto: 'Montagna, mi hai vinto... per adesso! Io sono molto giovane e tu molto vecchia. Ma io crescerò e tu resterai così come sei. Quando ritornerò, vedremo chi l'avrà vinta...' Il terzo leone ha l'atteggiamento da vero re. Non si arrende, non getta la spugna. Sa che, con il tempo, l'impossibile diventa possibile».

PER PENSARE E CRESCERE

L'elefante e il paletto

Un altro racconto popolare parla di un piccolo elefante che viveva legato a un paletto e che, ormai grande, pur potendo scappare, non lo faceva perché non sapeva di essere abbastanza forte da poterlo divellere.

Lo stesso succede ai due leoni che perdono la prova. Solo il terzo fratello è consapevole che, con il tempo, riuscirà a fare quello che oggi non è riuscito a fare.

Ecco perché non ti devi scoraggiare se qualcosa non ti viene. Non è una sconfitta, ma un'esperienza utile per farcela la prossima volta. Inoltre, ci sono due espressioni magiche che ti aiuteranno e sono:

- per ora;
- per il momento.

Così, se non riesci a fare qualcosa, termina sempre le tue frasi con queste due espressioni: 'Non riesco a segnare gol… per ora', 'Faccio tanta fatica in matematica… per il momento'. Queste semplici frasi ti aiuteranno a scoprire che, in molte occasioni, se saremo tenaci e lavoreremo al nostro obiettivo, alla fine riusciremo a raggiungere quello che desideriamo. Quindi fai come il giovane leone, che è riuscito a scalare l'enorme montagna perché era certo che se si fosse dedicato al suo scopo, il giorno in cui ce l'avrebbe fatta sarebbe arrivato.

9

IL TESORO DEL RABBINO

È così vicino che non lo riesci a vedere

Un vecchio racconto ebraico narra la storia del rabbino Eisik, figlio di Jekel, che viveva a Cracovia. Quest'uomo, conosciuto per la sua saggezza, una notte fece un sogno molto speciale: un mago gli ordinava di incamminarsi verso Praga perché sotto il ponte più antico della città avrebbe trovato un tesoro.

«Stai invecchiando! Quel sogno è un'idiozia» lo rimproverò sua moglie Sara, una donna molto pragmatica e con un caratteraccio. «Devi accompagnarmi a fare la spesa».

Eisik, che era molto docile, accompagnò sua moglie a fare la spesa, poi a trovare le sue cugine, in sinagoga e… due giorni dopo si era già dimenticato il sogno.

Ma il sogno non dimenticò lui: dopo una settimana, tornò a fargli visita ogni notte. Il rabbino comprese di doversi mettere in cammino, nonostante l'opposizione della moglie.

«E se fosse vero? Non posso vivere con questo dubbio» le spiegò, davanti alle sue proteste.

Il ponte era controllato notte e giorno da soldati armati. Il rabbino non si allontanava mai da lì ma non riusciva a trovare il coraggio di mettersi a scavare.

Alla fine, uno dei soldati iniziò a sospettare di lui e gli chiese in malo modo che cosa ci facesse lì.

«Ho fatto un sogno in cui un mago mi rivelava che sotto questo ponte avrei trovato un tesoro».

Il militare scoppiò a ridere e lo prese in giro.

«Alla tua età sei venuto fin da Cracovia solo per un sogno? E i ladri? Il freddo?»

«Se quel sogno avesse ragione…»

Dopo averci riflettuto un istante, il soldato, che continuava a fissare il rabbino, si decise a raccontare: «E se ti dicessi che anch'io ho fatto un sogno?»

«Davvero?»

«Sì. È da oltre un anno che una voce mi dice di andare a Cracovia» spiegò la guardia. «E che lì troverò un grande tesoro».

«Che coincidenza... Io sono di Cracovia! Dov'è quel tesoro? Lì è impossibile che ce ne siano!»

«Secondo la voce, a casa di un rabbino, sotto la stufa a carbone».

«Di un rabbino?»

«Sì, un tale Eisik».

«Eisik figlio di Jekel?» chiese il rabbino, stupito.

«Sì, per caso lo conosci?» volle sapere l'altro, sorpreso.

Ma non ottenne alcuna risposta. Il rabbino correva il più veloce possibile sulle sue vecchie gambe. Doveva tornare subito a casa per scoprire quello che credeva lontano e che invece aveva così vicino.

E ora vi starete domandando se trovò la sua fortuna sotto la stufa... Chiudete gli occhi. Forse, mentre state sognando, un mago vi darà la risposta. Dove si nasconde il più grande dei tesori?

PER PENSARE E CRESCERE

Dov'è la felicità?

Questo racconto tradizionale è servito d'ispirazione a Paulo Coelho per scrivere *L'alchimista*, che racconta la storia di un giovane pastore che sogna un tesoro nascosto sotto il prato su cui lui sta dormendo.

Il messaggio è chiaro: le cose più preziose della vita – la nostra famiglia, i nostri amici, noi stessi – sono sempre con noi. Il fatto è che cerchiamo lontano ciò che invece abbiamo a portata di mano.

C'è un bel detto che recita: 'Quanto saremmo felici se sapessimo che siamo già felici!' Sfortunatamente, noi esseri umani non siamo consapevoli del valore di molti doni ed esperienze che viviamo, a cominciare dalla salute, finché non li perdiamo. Ecco perché fermarsi per ringraziare per tutto ciò che abbiamo e di cui magari non ci accorgiamo è un magnifico esercizio per accorgerci dei tanti ed enormi tesori che ci circondano e che così spesso dimentichiamo. Nella gratitudine risiede un'enorme forza: la forza di rendersi conto, di dare valore, di apprezzare e di sentirci fortunati per tutto il bene che ci circonda.

10

LA DONNA PERFETTA

Prima di essere esigenti con gli altri, bisogna guardarsi allo specchio

Si narra che Nasreddin, un saggio che andava sempre in groppa a un asino, arrivò un giorno in un paese in cui viveva un suo amico di gioventù che fu molto felice di vederlo e gli presentò la sua famiglia.

Dopo aver servito all'ospite una tazza di tè alla menta, all'improvviso gli chiese: «Ricordo che quando eravamo piccoli mi dicevi che ti saresti sposato e avresti avuto molti figli... Come mai te ne vai in giro per il mondo da solo e in groppa a un asino?»

«Ora ti spiego...» disse Nasreddin, socchiudendo gli occhi con aria nostalgica. «Quand'ero molto giovane, decisi di andare in cerca della donna perfetta. Fu così che attraversai il deserto fino a raggiungere Damasco. Lì viveva una donna molto bella e spirituale, ma poco colta».

«E cosa hai fatto, dunque?» chiese l'amico, molto interessato.

«Ho continuato a viaggiare fino alla città di Esfahan. Lì conobbi una donna esperta di tutte le scienze e molto buona, ma non era bella».

L'intera famiglia dell'anfitrione era attenta al racconto di Nasreddin che terminò dicendo: «Fu soltanto quando arrivai al Cairo che trovai ciò che stavo tanto cercando. Attraverso alcuni conoscenti potei cenare in casa di una donna che non solo era bellissima e devota, ma era anche un pozzo di conoscenza, la giovane più intelligente di tutta la città».

«E allora... perché non hai voluto sposarla?»

«Ma certo che avrei voluto, amico mio! Il problema è che anche lei cercava l'uomo perfetto».

PER PENSARE E CRESCERE

È perfetto essere imperfetto

Già gli antichi greci dicevano che l'uomo più saggio è quello che sa di non sapere, perché proprio per questo vorrà imparare.

Chi può essere perfetto in un mondo imperfetto?

L'imperfezione ha molti vantaggi, sempre che la prendiamo come un percorso, visto che ci permette di:

- essere umili;
- cercare di essere migliori di ieri;
- essere comprensivi con i difetti degli altri;
- renderci conto che spesso è proprio grazie all'imperfezione che riusciamo a sviluppare l'empatia verso le persone che ci circondano.

Accettare l'imperfezione non vuol dire non voler migliorare. Anzi, al contrario, è l'inizio di un viaggio che, a ogni successo, ci renderà più felici e orgogliosi di noi stessi.

E attenti a giudicare gli altri perché: nessuno è perfetto!

11

IL CAVALLO NEL POZZO

Quando le avversità si trasformano in una scala verso il successo

C'era una volta un contadino molto povero che aveva sempre difficoltà a guadagnare a sufficienza per la sua famiglia. Possedeva un terreno pieno di pietre e pochi cavalli che lo aiutavano a lavorarlo.

Poiché le sfortune non vengono mai da sole, una mattina scoprì che uno dei suoi cavalli era caduto in un pozzo così profondo che salvarlo sembrava impossibile.

Sebbene l'animale sembrava non essersi rotto nulla e nitriva soltanto perché lo tirassero fuori di lì, il contadino fece due conti e poi fece cenno di no con la testa. Per recuperare il cavallo sarebbe stata necessaria una gru e affittarla era troppo oneroso. Era più economico lasciarlo lì.

Quindi, il contadino decise di sacrificare l'animale. Senza nessuna compassione, iniziò a lanciare dentro il pozzo una palata di terra e pietre, per seppellirlo, ma allora accadde qualcosa di inaspettato.

Ogni volta che la terra e le pietre cadevano, il cavallo se le scuoteva di dosso e le calpestava. Così si accumulavano via via in fondo al pozzo. In tal modo, e senza volerlo, l'animale iniziò a salire piano piano fino a uscire dal pozzo.

La terra che il suo padrone gli aveva lanciato addosso per seppellirlo fu la sua salvezza.

PER PENSARE E CRESCERE

Il limite è il cielo

Il cavallo del racconto trasforma la sua disgrazia – la terra con cui lo vogliono seppellire – nella soluzione che lo tirerà fuori dal pozzo.

Molti geni, quando erano bambini, hanno rischiato di essere seppelliti dall'invidia e dall'incomprensione dei loro insegnanti o dei loro stessi compagni.

Per esempio, un maestro disse a Einstein che non avrebbe mai combinato nulla, e persino Walt Disney, quando lavorava in un'agenzia pubblicitaria, venne licenziato 'per mancanza d'immaginazione', secondo l'appunto scritto dal suo capo.

Riesci a immaginare come si saranno sentiti vedendo dove stavano arrivando quei ragazzi?

Proprio come il nostro cavallo, i due geni hanno dimostrato a chi non sapeva apprezzarli di essere in grado di arrivare molto più in alto di loro.

Ecco perché non devi preoccuparti quando hai la sensazione di non essere capito o apprezzato. In realtà, chi ti critica sta parlando di se stesso. Come si suol dire, chi critica gli altri, critica se stesso.

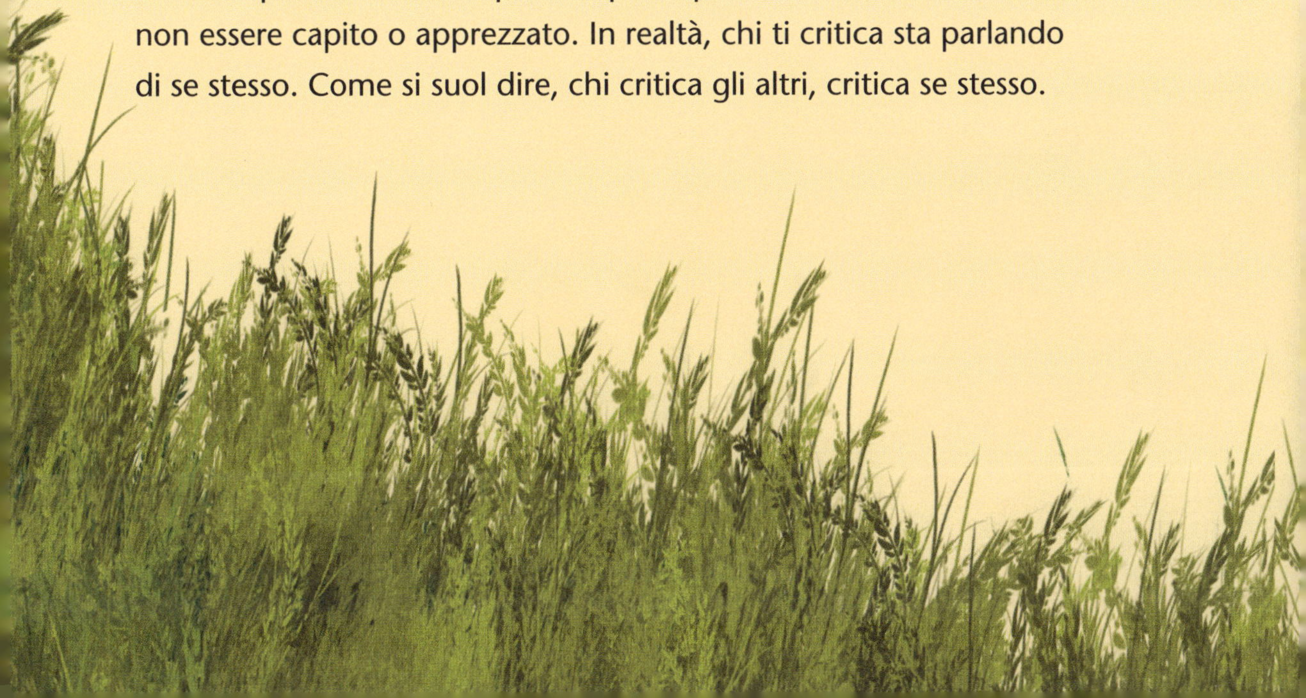

12

ORECCHIE DA MERCANTE

Ascoltare i segnali del destino

Su alcune tavolette d'argilla, gli antichi greci descrissero un grande diluvio. Per giorni e settimane piovve su molti campi e paesi. Quello che i testi non narrano è che in uno di questi, nel bel mezzo della valle, viveva Ettore, un bambino di dieci anni molto devoto a Zeus, il grande dio dell'Olimpo.

A Ettore piaceva arrivare per primo al tempio. Conosceva tutte le orazioni e sapeva a memoria il nome di tutte le divinità dell'Olimpo... che erano decine! Celebrava le feste anche se era malato e si vantava di essere il preferito di Zeus.

«Figliolo, dobbiamo andare sulle montagne» lo avvisò sua madre. «L'acqua sta ricoprendo la valle, con tutte le piogge di questi giorni».

Ettore si rifiutò e chiese a sua madre di avere fede. Insieme accesero candele per Zeus per pregarlo di far cessare le piogge. Poi salutarono i vicini più anziani e i bambini.

Rimasero soltanto gli uomini e le donne più giovani. Ma dopo qualche giorno, quando ormai l'acqua aveva ricoperto tutta la parte bassa del villaggio, il tempio e il teatro, decisero di andar via anche loro.

«No, madre, non andiamocene» insistette il bambino devoto. «Zeus ci salverà!»

Si barricarono nella parte alta della loro casa mentre tutti gli altri abbandonavano il villaggio colmi di tristezza. Accesero dell'incenso e pregarono Zeus giorno e notte.

Un vicino coraggioso tornò a prenderli, quando ormai l'acqua aveva invaso la parte bassa della loro casa.

«Io non me ne vado, madre. Zeus mi salverà!»

Piangendo disperata, la madre decise di abbandonare suo figlio. Era chiaro che era impazzito. Ettore la salutò con un'espressione ostinata dall'alto del tetto. L'intera casa era inondata.

Il bambino continuò a pregare Zeus, ma una mattina, dopo giorni in cui erano state immerse nell'acqua, le fondamenta della casa cedettero. Ettore scrivolò dal tetto e cadde in acqua. Dopo essere stato colpito da alcuni tronchi, per sua fortuna riuscì ad afferrarsi a un ramo.

Bagnato, affamato e morto di freddo, lo salvò il sommo sacerdote, che stava tornando al villaggio poiché la tempesta era ormai cessata.

Ettore aveva lividi dappertutto. Ma il peggio era lo stato d'animo in cui lo trovò il religioso.

«Sommo sacerdote, Zeus non mi ama!» disse il bambino piangendo. «Nonostante tutte le mie preghiere, nonostante tutte le volte che ho pulito il tempio e assistito ai riti, non è venuto a salvarmi».

«Ettore, Ettore...» disse allora l'uomo, scuotendo la testa. «Zeus, invece, ti ama molto, ma tu sei cocciuto. Prima ha mandato gli anziani che ti hanno chiesto di salire sulle montagne. Poi, i giovani, e più tardi, il vicino. Ma non hai voluto dare ascolto a nessun messaggero di Zeus, che voleva proteggerti. Nemmeno Dio ti può aiutare, se non ti aiuti tu per primo».

PER PENSARE E CRESCERE

Il tuo migliore alleato

Ci sono persone che aspettano sempre un aiuto dall'esterno: una buona notizia, un biglietto della lotteria vincente, qualcuno pronto a fare per noi quello che non abbiamo fatto noi stessi… Tuttavia, il destino, le divinità o la vita, comunque vogliamo chiamarli, aiutano coloro che aiutano se stessi.

Un colpo di fortuna è sempre passeggero, perché dipende dal caso; ma la buona sorte, invece, arriva per restare, perché dipende da noi e da ciò che siamo disposti a fare per la nostra vita. La buona sorte, quella che puoi coltivare da solo, consiste nel creare le circostanze affinché, quando si presenta l'opportunità, tu ne possa approfittare.

13

IL PRINCIPE CHE VOLEVA ESSERE UNA RANA

La cosa più facile è essere se stessi

«Basta! Non intendo sposarmi!» urlò il principe prima di uscire dal palazzo sbattendo la porta.

I suoi genitori osservarono preoccupati il bell'erede al trono andarsene via attraverso il bosco imprecando a ogni passo. Dopo un po' che camminava, il giovane s'imbatté nello stregone del villaggio seduto sul bordo di uno stagno.

«Dove te ne vai così arrabbiato?» gli domandò l'anziano, che conosceva il principe da quand'era nato.

«Da nessuna parte... Be', sì!» rettificò lui. «Se sarà necessario, me ne andrò via dal regno!»

«Oh, oh, oh... E perché?»

Il principe si sedette accanto all'uomo, a pochi metri da una pietra che spuntava dall'acqua verdognola. Era abitata da una rana che osservava immobile quella conversazione.

«Da quando sono maggiorenne, non fanno altro che presentarmi giovani candidate a sposarmi, ma io non ne voglio sapere nulla».

«E perché mai?» chiese l'anziano. «Non sono forse belle? Non ci sono nel villaggio giovani la cui intelligenza supera addirittura quella del re? Qual è il problema?»

Dopo averci riflettuto un attimo, il principe disse: «Il mio problema è che io sono il principe e il futuro re. Qualsiasi fanciulla che aspiri al mio cuore, o per propria volontà o perché mandata dai propri genitori, è innamorata dell'idea di vivere in un palazzo, del potere che diventare prima principessa e poi regina dà... Visto chi sono, posso conoscere le ambizioni di ogni ragazza, ma non chi è in fondo al suo cuore. Mi piacerebbe...»

Gli occhi brillanti dell'anziano lo incoraggiarono a concludere.

«Mi piacerebbe essere come quella rana. Essere tanto insignificante quanto lei. Così di certo nessuno si avvicinerebbe a me per la mia fortuna, la mia bellezza o il mio potere».

«I tuoi desideri sono un ordine!» disse lo stregone facendo schioccare le dita.

Prima che il principe lo potesse fermare, dicendo che non stava parlando sul serio, si ritrovò trasformato in una rana, cosa che parve rallegrare quella che abitava sulla pietra e che iniziò subito a gracidare.

«Ma non credere che ti lascerò qui» lo avvertì lo stregone infilandolo in una cesta che coprì con un telo. «Sarebbe troppo facile vivere nello stagno. Ti porterò in mezzo alla gente, così capirai cosa vuol dire essere una rana!»

Quella stessa mattina, il principe ranocchio venne lanciato nella piazza del mercato. Terrorizzato, il poveretto cercava di saltare per tornare a palazzo, ma sulla strada s'imbatteva in pericoli sempre maggiori.

Prima fu inseguito da un gruppo di bambini che volevano infilzarlo con un ago.

Dopo essersi nascosto sotto un carro, una guaritrice lo afferrò per gettarlo in un pentolone d'acqua bollente. Un colpo di vento le fece andare una foglia d'acero negli occhi e lui poté sfuggire all'ultimo minuto.

Fermo in mezzo alla strada, esausto, un gruppo di nobili lo osservò con ripugnanza e uno di loro lo allontanò con un calcio e lo fece volare fino alla finestra di un'umile casa.

Terrorizzato, il principe che voleva essere una rana vide attraverso la finestra una fanciulla alzare lo sguardo dal suo libro, dopo averlo sentito dare dei colpetti sul vetro.

Quando la lettrice venne ad aprire la finestra, il principe temette che l'avrebbe schiacciato o lanciato di nuovo in strada, dove avrebbe trovato la fine.

Ma per sua sorpresa, la giovane gli sorrise con tenerezza e lo prese con il fazzoletto di seta che portava al collo. Dopo averlo posato su una sedia di vimini, gli disse: «Io non ne so nulla di rane, ma adesso riposati un po'. Quando avrò finito di leggere questa pagina, ti porterò in uno stagno dove non potranno farti del male».

La bontà di quelle parole sciolse l'incantesimo e il principe, su quella stessa sedia, riprese le sue sembianze.

«Santo cielo!» esclamò lei. «Ma oltre a essere un principe... sei anche un mago?»

Con le lacrime agli occhi, lui le raccontò la sua rabbia delle ultime settimane e le terribili conseguenze del desiderio espresso allo stregone.

«Ringrazio quel vecchio pazzo, perché sotto forma di rana ho potuto conoscere un'anima pura e saggia come la tua. Mi vuoi sposare?»

«Non lo so...» mormorò lei. «Non ti conosco ancora!»

«Sono il principe, futuro re di questa contea...» E, pentito di aver gonfiato il petto, aggiunse: «Ma se mi tolgono tutto questo, sono un animaletto qualsiasi, come questa rana».

«Quella è stata la parte migliore» disse la lettrice con il sorriso più bello che lui avesse mai visto. «Ti darò un consiglio, se vuoi trovare il vero amore. Non desiderare di essere una rana... e nemmeno di essere migliore degli altri, ma non vergognarti nemmeno di essere un principe. Non hai bisogno di scappare da te stesso. Vai bene così come sei».

PER PENSARE E CRESCERE

Te stesso, né più né meno

Accettare ciò che siamo, con le nostre paure e i nostri punti di forza, è molto più prezioso che pretendere di essere qualcuno di diverso da noi stessi.

In fin dei conti, non possiamo indossare la maschera – o il travestimento da rana – a lungo. Prima o poi gli altri scopriranno chi si nasconde dietro. Non è più semplice mostrarci per quello che siamo?

Forse non sarai il ragazzo o la ragazza più popolare della classe, ma chi si avvicinerà a te ti apprezzerà per quello che sei, non per quello che dovresti essere.

Nel suo libro *I quattro accordi*, il dottor Miguel Ruiz dice che un accordo molto importante è non prendere nulla sul personale, perché quando qualcuno cerca di insultarci, di offenderci o di disprezzarci, quell'insulto, offesa o disprezzo non è rivolto a noi, ma nasce da una persona che cerca di farci del male perché in realtà non ama e non rispetta se stessa. Chi rispetta se stesso non ha bisogno di offendere gli altri. Se questo ci fosse ben chiaro, nessuno vorrebbe essere una rana e nessun incantesimo (l'opinione altrui) ci potrebbe trasformare in rana. In realtà, chi ci vede come delle rane reputa se stesso una rana.

14

I GEMELLI OPPOSTI

Tutto dipende da come guardi le cose

Un racconto di un autore sconosciuto narra di un uomo benestante che aveva due gemelli completamente diversi. Fin dal momento della loro nascita, erano così diversi che nessuno riusciva a credere fossero fratelli.

Uno era molto pessimista e sempre triste mentre l'altro era un inguaribile ottimista e sempre col sorriso sulle labbra.

Quando stavano per compiere diciott'anni, il padre pensò di fare loro un bel regalo e il suo migliore amico gli diede un consiglio: «Dovresti fare un regalo che compensi le loro differenze di carattere. Al pessimista regala qualcosa di incredibile e all'ottimista qualcosa di davvero poco conto».

Sebbene fosse un'idea un po' stravagante, il padre decise di seguire il consiglio dell'amico.

La mattina del compleanno, chiese ai suoi due figli di uscire con lui in giardino. I gemelli si sorpresero di vedere due pacchi, ognuno con sopra una coperta: uno era enorme e l'altro molto piccolo.

Il pessimista guardò il suo e, sotto la coperta, scoprì una potente moto giapponese. Quando la vide, scoppiò a piangere.

Suo padre non riusciva a capire.

«Me l'hai regalata perché vuoi che mi ammazzi!»

L'ottimista cercò di consolare il fratello, ma inutilmente. Suo padre gli chiese allora di sollevare la sua coperta per vedere cos'avesse ricevuto. Pensò che in questo modo l'altro si sarebbe sentito fortunato.

Quando l'ottimista scoprì il suo regalo, apparve un enorme escremento di cavallo. Il ragazzo iniziò ad applaudire molto felice, saltellando dall'entusiasmo. Urlava così tanto che i vicini iniziarono ad affacciarsi stupiti alle finestre.

Il fratello pessimista, che era ancora ferito dalla moto, gli chiese allora in malo modo: «Ma sei scemo o cosa? Perché sei così felice?»

«Se qui c'è questo escremento, vuol dire che il mio cavallo non dev'essere lontano» rispose traboccante di felicità.

PER PENSARE E CRESCERE

Così è, se vi pare

Buddha diceva che quando guardiamo il mondo lo tingiamo con il nostro sguardo. Per cui, se lo guardiamo con tristezza, tutto ci sembrerà triste, mentre se lo guardiamo con gioia, non ci mancheranno mai le ragioni per sorridere.

I due fratelli del racconto simboleggiano due atteggiamenti estremi che puoi avere davanti alla vita: vedere tutto nero e trovare in tutto una ragione per festeggiare. Non solo, non si tratta nemmeno più di guardare il bicchiere e vederlo mezzo vuoto o mezzo pieno. L'importante è prendersi la responsabilità di riempirlo, ovvero che, qualsiasi cosa accada, pensiamo a cosa possiamo fare per migliorare la situazione in cui viviamo e quella delle persone che amiamo.

15

IL BAMBÙ GIAPPONESE

La pazienza è il concime segreto del successo

Un naturalista europeo arrivò in una lontana terra d'Oriente per studiare le piante e gli animali di quella zona. Dopo aver attraversato uno splendido bosco di pini, raggiunse un pianoro dove un anziano osservava placido la terra piatta e senza vita.

Il viaggiatore parlava diverse lingue della zona, per cui, dopo aver salutato l'anziano, iniziarono a parlare in giapponese: «È curioso che in una terra così fertile ci sia un pianoro in cui non cresce nulla» disse il naturalista dopo essersi seduto accanto a lui.

«Non è vero...» commentò l'anziano. «Io stesso ho piantato i semi di quello che diventerà un bosco di bambù. Da allora mi occupo di concimare e innaffiare la terra».

«Be', però non è ancora germogliato nulla... Quanto tempo fa ha piantato i semi?»

«Sette anni fa».

Il naturalista guardò l'anziano con compassione. Convinto che gli mancasse qualche rotella, lo salutò con un leggero inchino e proseguì per la sua strada.

Dopo un mese e mezzo di esplorazione, arrivò il momento di iniziare il viaggio di ritorno a casa. E lo fece ripercorrendo le strade che gli avevano permesso di viaggiare in sicurezza.

Arrivato al pianoro, prima della pineta, ebbe una doppia sorpresa. Innanzitutto, l'anziano era ancora lì. E poi, su quel terreno era cresciuto un bosco di alti e sottili bambù che salivano in direzione del cielo.

«Ma…» disse l'uomo. «Questa è magia! Com'è possibile?»

«Quando pianti il bambù giapponese» spiegò l'anziano, contento di rivederlo, «nei primi mesi non noti niente. Di fatto, non germoglia nulla nei primi sette anni. Ecco perché un coltivatore ignorante può arrivare a credere di aver comprato dei semi secchi. Ma poi… quando giunge il settimo anno, in sole sei settimane il bambù esce dalla terra e cresce fino a trenta metri o più».

«E ci impiega solo sei settimane a crescere?» chiese il viaggiatore.

«No! Il bambù dedica sette anni a far crescere segretamente sotto terra le radici che gli permetteranno di reggersi. Quando è pronto, a quel punto si innalza come lo vedi tu».

PER PENSARE E CRESCERE

Non adatto agli impazienti

Proprio come l'anziano del racconto non riuscirebbe a far crescere più in fretta il bambù urlandogli di farlo, allo stesso modo anche nella vita non è sufficiente seminare per raccogliere. Bisogna anche saper aspettare che le cose maturino.

La fretta non solo è 'cattiva consigliera', come dice il proverbio, ma ci crea anche parecchi problemi:

- ci fa innervosire e ci scontriamo più facilmente con gli altri;
- se cerchiamo soluzioni veloci, possiamo fare dei pasticci e rovinare tutto;
- l'impaziente spesso abbandona l'impresa quando le cose stanno per accadere;
- voler forzare il ritmo degli eventi ci fa vivere con ansia. È impossibile far crescere un roseto tirando le sue foglie. È molto meglio fermarsi a osservare come, giorno dopo giorno, spuntano ed esprimono la bellezza che il roseto ha in sé.

Ti immagini se il coltivatore di bambù si fosse alzato un giorno prima dell'inizio dello spettacolo? Sarebbe stato un peccato!

Proprio come un medico ha bisogno di anni di studio per poter operare e salvare delle vite, per tutto ciò che desideriamo raggiungere dobbiamo essere costanti e lavorare finché non saremo pronti.

16

GAMBA BELLA E GAMBA BRUTTA

Dimmi cosa noti e ti dirò chi sei

Jan era un bel bambino: aveva i capelli biondi e morbidi, immensi occhi azzurri, un sorriso contagioso... e una gamba deforme. Era nato con la destra più corta della sinistra, perciò appariva storto e rachitico.

Da piccolo nulla sembrava renderlo diverso dagli altri bambini; correvano tutti più in fretta, ma Jan era molto bravo ad arrampicarsi. Quando nuotava, usava le sue braccia forti per compensare il suo difetto.

Gli volevano tutti bene perché era allegro, simpatico e affettuoso.

Via via che crescevano, però, per Jan diventava sempre più difficile seguire i suoi amici nelle gite in montagna e veniva coinvolto sempre di meno. Le ragazze non volevano ballare con

lui perché era goffo e andava a sbattere contro le altre coppie. Alla fine, tutti ridevano di lui.

Così la tristezza si impossessò delle giornate di Jan. Ormai non voleva più uscire a fare una passeggiata o a divertirsi. Passava il tempo rinchiuso in casa, lamentandosi della sua sfortuna. Perché era dovuto nascere con quella gamba? Proprio lui che era così buono e non aveva mai fatto male a nessuno! Perché era così sfortunato?

Tuttavia, con il passare degli anni, Jan riuscì a conquistare il cuore dei suoi vicini e acquisì la fama di filosofo e chiaroveggente, nonostante non fosse mai andato all'università.

Appoggiato a un muro che faceva ombra, la gente si metteva in coda per parlare con lui. In particolare lo cercavano imprenditori che gli portavano candidati perché Jan dicesse loro se erano o meno adatti al posto, visto che il suo 'occhio clinico' non sbagliava mai.

Una giornalista che aveva sentito parlare di lui era venuta da una città lontana per sapere quale fosse il suo metodo per captare l'essenza delle persone con un solo colpo d'occhio.

«È molto facile» disse Jan sorridendo gentile. «Le mie gambe sono una sorta di barometro che misura la bontà di ogni persona. Se le guardi, una è molto bella, l'altra invece è deforme come un ramo ritorto. Quando mi presentano qualcuno, se noto che guarda di più la gamba brutta rispetto a quella bella, allora di quella persona non mi fido. L'esperienza mi ha dimostrato che di solito si tratta di gente criticona che cerca sempre il lato negativo della realtà. Evito di averci a che fare per non farmi condizionare e sconsiglio di selezionare questo tipo di persone per occupare posti di responsabilità. Chi vede soltanto la gamba brutta, si concentra di più sui problemi e sulle perdite, e non sulle soluzioni o sui guadagni».

La giornalista fu talmente colpita dal giovane filosofo che se ne innamorò immediatamente e andò a trovarlo ogni giorno fino a quando non riuscì a farsi notare da lui.

Oggi sono una coppia felice e insieme guardano la gamba bella della vita.

PER PENSARE E CRESCERE

Guardare, ammirare e imitare

Per questo racconto abbiamo preso una storia che amava raccontare Benjamin Franklin, il politico nordamericano inventore del parafulmini.

Quando era molto giovane, amava leggere biografie di uomini e donne degni di ammirazione per imitarli e cercare di migliorarsi. Se notava che un personaggio possedeva una qualità che a lui mancava, si sforzava di metterla in pratica per una settimana fino a introiettarla nella sua vita.

Nato da una famiglia umile che non poté pagargli gli studi, Franklin guardava il mondo sempre alla ricerca di esempi da ammirare – la 'gamba bella' – e imitare per poter essere ogni giorno un po' migliore.

E non gli andò affatto male: divenne uno degli uomini più importanti del suo tempo.

L'insegnamento è chiaro: scegli a chi vuoi assomigliare, e poniti la domanda: 'Cosa fa lui/lei che io non faccio?'

E, in ogni caso, per muoverti con il piede giusto nella vita, scegli sempre quelli che guardano la gamba bella delle cose.

17

FORTUNA O SFORTUNA?

Il negativo ha sempre il suo lato positivo

C'era una volta un uomo di nome Juang Hi che era il più povero del suo villaggio: aveva soltanto una stalla e dormiva su un letto di paglia insieme al suo unico figlio. A causa di diverse sventure, aveva perso la moglie e gli animali grazie ai quali si sostentavano.

Tuttavia, ciò che meravigliava il resto del mondo era quanto Juang Hi fosse sempre tranquillo.

Una notte in cui il cielo si arrabbiò e lanciò fulmini e tuoni senza sosta, un giovane cavallo, selvaggio e forte, arrivò fino alla stalla alla ricerca di protezione. Era ferito.

Juang Hi, che era un uomo molto compassionevole, lo curò con dedizione. Il cavallo, grato, rimase con lui e il figlio nella stalla.

Tutti i vicini, che gli volevano bene, si rallegrarono sinceramente perché finalmente la sua sorte era cambiata. Andarono da lui a festeggiare e a vedere l'animale, che era un purosangue e valeva molto.

Juang Hi continuò a essere tranquillo e rispondeva sempre: «Fortuna o sfortuna? Non si può mai sapere!»

I suoi vicini non lo capirono e intanto la vita andò avanti.

Dopo un paio di settimane, il cavallo, abituato alla libertà, fuggì. Juang Hi si strinse nelle spalle, consapevole che l'animale sentisse nostalgia dei campi.

Tutti i vicini se ne dispiacquero e andarono a trovare lo sfortunato per consolarlo. Lui accolse tutti con la medesima frase: «Fortuna o sfortuna? Non si può mai sapere!»

Alcuni iniziarono a pensare che stesse perdendo la testa. Quello che diceva non aveva alcun senso.

Un mese dopo, con grande stupore di tutti, il cavallo tornò. L'inverno si avvicinava e l'animale sentiva nostalgia dei suoi amici umani, della sicurezza della stalla e del calore. E con lui c'era tutta la sua mandria: due cavalle gravide, tre giovani puledri, quattro cuccioli e altri due cavalli giovani…

Nessuno poteva credere ai propri occhi. Che miracolo! Quel pover'uomo era diventato ricchissimo. Se avesse venduto i cavalli o li avesse affittati per il lavoro nei campi, avrebbe potuto trascorrere il resto della vita a non fare niente. Né lui né suo figlio. Ed era proprio quello che gli ripetevano tutti i suoi amici.

Lui sorrideva e continuava a ripetere: «Fortuna o sfortuna? Non si può mai sapere!»

A quel punto non ci fu un solo vicino che non pensasse che fosse totalmente matto.

«Deve essere per tutto quello che ha sofferto» dicevano alcuni. «Troppi cambiamenti!» commentavano altri. Lui non diceva nulla.

Il giorno dopo, mentre suo figlio medicava la ferita di uno dei cavalli selvaggi, quello si spaventò e, senza volere, scalciò diverse volte. Era giovane e non controllava la paura.

E cosa accadde? Ruppe al ragazzo le due gambe, una mano e un braccio, oltre a ferirgli il collo e il viso.

«Questa sì che è sfortuna!» dissero tutti i vicini.

Erano sconvolti, indignati e molto preoccupati. Tutti meno Juang Hi.

«Fortuna o sfortuna? Non si può mai sapere!»

Una settimana dopo, nel villaggio entrò un reggimento di soldati. Era scoppiata la guerra e costrinsero tutti gli uomini giovani a impugnare un'arma e ad arruolarsi.

Quando entrarono nella stalla e videro il figlio di Juang Hi disteso sulla paglia e bendato da capo a piedi, decisero di non prenderlo con loro.

A parte il ragazzo, nel villaggio rimasero soltanto le donne, i bambini e gli anziani. Andarono da Juang Hi per lamentarsi della loro sfortuna di aver perso padri, figli e mariti.

«Che fortuna la tua e quella di tuo figlio!» esclamarono.

E lui, continuando a spazzolare il suo primo cavallo, rispose: «Fortuna o sfortuna? Non si può mai sapere».

PER PENSARE E CRESCERE

Unisci i puntini

Durante una famosa conferenza, Steve Jobs, il fondatore della Apple, affermò che spesso capiamo solo dopo un bel po' di tempo il senso di alcune delle cose che ci succedono.

Accade un po' come con quei passatempi in cui bisogna unire i puntini, seguendo i numeri, per capire il disegno finale.

Come nel racconto di Juang Hi, ci sono disgrazie apparenti che nascondono veri e propri doni. Vediamo alcuni esempi:

- Frida Kahlo, la più famosa pittrice del XX secolo, scoprì la sua passione dopo un incidente che la costrinse a stare per molto tempo a letto;
- l'invenzione del post-it è avvenuta in seguito a una partita di colla difettosa a cui qualcuno trovò un altro uso;
- i genitori di Jeff Bezos, il fondatore di Amazon, si sconvolsero nel vedere che il bambino faceva di tutto per smontare la sua culla. Questa passione per le costruzioni l'avrebbe portato a metter su una delle più grandi imprese del mondo.

Ciò che a volte ci può sembrare una sfortuna, con il passare del tempo si può trasformare in una benedizione. E quante volte, invece, situazioni che all'inizio ci sono parse favorevoli si sono trasformate in un grande grattacapo! Spesso non ha importanza come ci appaiono le situazioni sul momento. Il consiglio è di guardare in prospettiva per leggere la vita a lungo termine.

18

IL VALORE DI UNA BANCONOTA

Fai attenzione a come guardi il mondo, perché alla fine il mondo diventa quello che stai guardando

Un lunedì dopo le lezioni, Dolores chiese alla sua compagna Ángela di andare a bere un caffè insieme. Sedute al bar della facoltà di Economia, dove entrambe frequentavano il primo anno, Dolores iniziò a lamentarsi: «Sono molto triste e arrabbiata, Ángela. Ultimamente non me ne va bene una. Non faccio che litigare con i miei genitori, non ho un fidanzato e, come se non bastasse, mi hanno bocciata agli ultimi due esami... La mia vita è uno schifo!»

Dopo averla ascoltata con attenzione, Ángela tirò fuori dalla borsa una banconota da venti euro e l'appoggiò sul tavolo.

«Vuoi già pagare?» esclamò Dolores con le lacrime agli occhi. «Te ne vai già? Sono così noiosa?»

«Non li ho appoggiati sul tavolo per quello...» la tranquillizzò Ángela. «Li vuoi questi venti euro?»

«Come? Non avevo intenzione di chiederti soldi, Ángela» rispose Dolores, sorpresa, «anche se sai che non ho mai un centesimo. Non insistere perché mi tengo la banconota» aggiunse facendole l'occhiolino.

Caffetteria

Con un sorriso malizioso, Ángela afferrò allora la banconota e, sorprendendo la sua amica, la stropicciò per bene fino a trasformarla in una pallina. Poi la lasciò cadere sul tavolo e le chiese: «Li vuoi ancora i venti euro?»

«Non capisco perché tu l'abbia fatto… e comunque, per rispondere alla tua domanda: a meno che non strappi la banconota o la bruci, continua ad avere il suo valore. Quindi, se vuoi, me la puoi regalare» disse ridendo.

«Be', è tua!» rispose Ángela spingendo la pallina azzurra sul tavolo fino alla sua amica. «Ma per tenertela devi imparare la lezione».

«Quale lezione?»

«Proprio come le banconote continuano ad avere lo stesso valore anche se sono stropicciate e accartocciate in una pallina, con la vita succede lo stesso. Anche se hai dei problemi e in questo momento le cose non vanno come vorresti, ha un grande valore. Quindi, ti prego… non dire mai che la vita fa schifo! Non confondere la forma con l'essenza. A volte, le circostanze apparentemente sgradevoli o 'brutte' sono veri e propri tesori che non riusciamo a riconoscere. Se fossimo in grado di scorgerne il valore, la bellezza o l'insegnamento che ci possono offrire, vedremmo la vita in modo del tutto diverso».

Dolores si alzò per abbracciare la sua amica e, molto emozionata, le disse: «Offro io, con questa banconota. Quello che mi hai appena insegnato non ha prezzo».

PER PENSARE E CRESCERE

Lo sguardo che apprezza

È molto importante saper dare valore a ciò che c'è di buono nella nostra vita e saper mantenere al tempo stesso il senso critico e uno sguardo in grado di riconoscere e apprezzare, come dicevamo nel precedente racconto, il valore di ciò che ci circonda.

Sarebbe bene usare tale sguardo in tre ambiti:

- noi stessi: invece di sentirci vittime, è molto più utile riconoscere ogni tanto le qualità che abbiamo. E non è certo un esercizio di vanità, bensì un esercizio indispensabile per prendere consapevolezza dei nostri doni e per imparare a sviluppare il nostro talento e la nostra vocazione;
- le persone che ci circondano: invece di lasciarci guidare dai pregiudizi che non fanno altro se non creare nemici fittizi, dovremmo aprirci all'altro così com'è. Solo così potremo riconoscere le persone che vorremmo accogliere nella nostra famiglia affettiva;
- la vita stessa: ereditiamo una grande quantità di false credenze sul mondo e sull'esistenza che spesso non mettiamo in discussione. Quando ce ne rendiamo conto dobbiamo rimboccarci le maniche per cambiarle. Se il mondo è una valle di lacrime, trasformiamolo in un mare di gioia; se il futuro è un disastro, facciamo il possibile affinché il presente sia migliore perché così facendo diamo nuove possibilità a un futuro diverso. Ciò che crediamo, molte volte, diventa ciò che creiamo.

19

I DUE LUPI

Chi vuoi essere?

La notte, i nativi di un villaggio cherokee si riunivano attorno al fuoco per raccontarsi storie e festeggiare la vita. Gli anziani ripetevano ogni inverno le stesse leggende, affinché i giovani non le dimenticassero e perché imparassero da loro.

Era una tribù guerriera, coinvolta sempre in qualche battaglia: contro altri popoli per la terra, contro la natura per la sopravvivenza...

«Ma la battaglia più importante che ingaggiamo è quella all'interno di noi stessi» spiegava lo sciamano della tribù. «Nel cuore dell'uomo abitano due lupi: uno è violento, pieno di rabbia, e l'altro è buono e compassionevole».

I bambini spalancavano gli occhi. I più coraggiosi urlavano feroci. I più piccoli si spaventavano. Una bambina molto curiosa chiese allora allo sciamano: «E quale dei due vincerà?»

Per quei futuri guerrieri e guerriere, la cosa più importante era sempre vincere.

«Vincerà l'animale che voi nutrirete» rispose il vecchio

sciamano. «Se al vostro cuore darete da mangiare invidia, gelosia, rabbia o superbia, vincerà il lupo cattivo. Se invece gli darete allegria, compassione, amore e lealtà... allora vincerà quello buono. In questo caso sarete donne e uomini grandi, degni di essere dei cherokee».

PER PENSARE E CRESCERE

Ti trasformi in ciò che pensi

Gandhi, il grande pensatore indù del XX secolo, diceva: 'Mantieni i tuoi pensieri positivi perché i tuoi pensieri diventano le tue parole.

'Mantieni le tue parole positive perché le tue parole diventano i tuoi comportamenti.

'Mantieni i tuoi comportamenti positivi perché i tuoi comportamenti diventano le tue abitudini.

'Mantieni le tue abitudini positive perché diventano i tuoi valori.

'Mantieni i tuoi valori positivi perché i tuoi valori diventano il tuo destino'.

Tutto ha inizio nei pensieri, quindi è importante nutrire quelli che ci rendono migliori e che ci avvicinano agli altri, e lasciar morire di fame quelli che ci caricano di negatività.

E così possiamo scegliere a quale lupo dare da mangiare in ogni istante, con ogni piccola azione, ogni parola, ogni gesto. Possiamo vestire ogni occasione di seta o di acido, di disprezzo o di gratitudine, di malumore o di un invito alla gioia. La scelta è nelle nostre mani.

20

UN AFFARONE

*Se lo si impiega bene,
anche il tempo libero è oro*

Jorge trascorreva le vacanze nel paese dei suoi nonni. Poiché erano molto umili e non potevano dargli una paghetta settimanale, ogni mattina raccoglieva le mele da un terreno di cui ormai nessuno si prendeva cura. Poi si sdraiava a leggere i suoi libri preferiti sotto i rami dei meli.

Un giorno, un turista arrivato dalla città stava passeggiando tra gli alberi da frutto e si sorprese di scoprire il piccolo raccoglitore a leggere tranquillamente con accanto la grande cesta di mele piena.

«Buongiorno» lo salutò il forestiero, «sono un imprenditore e mi piacerebbe darti un consiglio».

Il ragazzo scostò gli occhi dal suo libro e guardò con curiosità quell'uomo grasso e sudato.

«Vedo che hai riempito la cesta di mele…»

«Sì, ne vuole una? Gliela regalo. Sono deliziose!»

«Grazie mille, amico» disse l'uomo con tono paterno, «ma non mi piace la frutta. Voglio chiederti una cosa: perché riempi soltanto una cesta se in questo campo ci sono abbastanza mele da riempirne una decina?»

«Ma io ho soltanto una cesta... E l'ho già riempita».

«Capisco... Allora ti faccio un'altra domanda: cosa ne farai di quest'unica cesta piena di mele?» chiese con sarcasmo.

«Ogni pomeriggio vado nella piazza del paese e vendo le mele a venti centesimi l'una» spiegò Jorge.

«Perfetto, e una terza domanda: con la vendita di un'intera cesta guadagneresti abbastanza da comprarne un'altra?»

«Non lo so... può essere».

«Ok, perfetto» disse l'imprenditore, «perché se investi il lavoro di un giorno per acquistare un'altra cesta, il giorno dopo potrai raccogliere il doppio delle mele e venderne il doppio, e così comprare altre due ceste e andare in piazza con quattro ceste di mele...»

«E come me le potrei portare quattro ceste? E poi...» Jorge pensava ad alta voce. «In questo paese non c'è gente a sufficienza per vendere tutte quelle mele».

Il grasso forestiero si portò le mani alla vita e, molto sicuro di sé, disse: «C'è una soluzione per ogni problema imprenditoriale. Chiama un altro ragazzo che ti aiuti a trasportare le mele e, se è necessario, che vada a vendere anche in altri paesi della zona in cambio della metà del guadagno. In questo modo farai aumentare il tuo capitale e alla fine otterrai una bella squadra di raccoglitori e potrai guadagnare molti più soldi».

«Ma… e perché dovrei volere tutti quei soldi?» chiese Jorge, annoiato da quel discorso.

«Per sdraiarti a goderti la vita».

«E cosa sto facendo in questo momento?» disse Jorge per chiudere lì la questione prima di rimettersi a leggere.

PER PENSARE E CRESCERE

Né troppo né troppo poco

Questa storia è una libera versione di quella che raccontava Anthony de Mello, un gesuita indiano, e che aveva come protagonista un pescatore.

Il messaggio è il medesimo: va bene sforzarsi, ma è un errore voler lavorare troppo (o pensare solo al lavoro), perché a quel punto si perdono altre cose della vita altrettanto importanti.

Come dice un motto latino: 'la virtù sta nel mezzo'.

È la dose che fa il veleno: se vuoi essere felice, non cedere alla pigrizia, ma non fare del lavoro il tuo unico obiettivo perché altrimenti non ti resterà più tempo per goderti ciò che ti piace o le belle persone che incontrerai sulla tua strada.

21

L'IRA E I DARDI

Le parole non le porta via il vento...

Miguel aveva tredici anni e un gran brutto carattere. Trovava sempre una scusa per litigare con sua madre, urlare contro suo padre e tirare i capelli a sua sorella. A scuola, i bambini più piccoli avevano paura di lui: era sempre pronto a insultarli o a dargli una pedata mentre giocavano a calcio.

«Non si può andare avanti così...» dicevano i suoi genitori, disperati.

Parlarono con lui seriamente, ma non servì a nulla. Sua sorella lo pregò attraverso una splendida lettera con un disegno, ma lui la gettò via senza nemmeno leggerla. Lo iscrissero a taekwondo perché imparasse a controllarsi, ma nemmeno così riuscirono a farlo cambiare.

Un giorno, sua madre ebbe un'idea mentre guardava in televisione un programma sul bricolage...

«È un regalo per me?» chiese Miguel entusiasta mentre apriva il pacchetto donatogli dalla madre.

Erano due freccette senza bersaglio. Nel vedere l'espressione perplessa del figlio, i suoi gli spiegarono: «Sì, figliolo. Ogni volta che ti arrabbierai, quando avrai voglia di urlarci contro o di insultare qualcuno, ne puoi lanciare una».

«Ma... non c'è il bersaglio!» protestò Miguel.

«Il bersaglio sarà la porta di camera tua. Ti va?»

La prima settimana, Miguel piantò le freccette 253 volte. Giorno e notte, persino quando era addormentato, ne lanciava una, poi la tirava fuori e andava avanti così. La seconda settimana ne lanciò soltanto 170. La terza, 80. Trascorso un mese, una notte disse a sua madre: «Oggi è stato il primo giorno in cui non ho lanciato nessuna freccetta».

Osservando riflessi sulla porta tutti i suoi scatti d'ira, aveva cercato via via di contenersi fino a smettere di arrabbiarsi. Aveva imparato a frenarsi prima di urlare o picchiare qualcuno.

I suoi genitori gli fecero i complimenti, molto orgogliosi. Poi gli chiesero di contare insieme i segni rimasti sulla porta: oltre 500!

Miguel moriva dalla vergogna.

«Figliolo, hai imparato a non farti dominare dalla rabbia» gli disse sua madre con affetto, «ma voglio che osservi bene i buchi: ogni volta che hai lanciato una freccetta, anche se poi l'hai tolta, è rimasto un segno, per sempre. Allo stesso modo, quando fai o dici qualcosa di brutto a un tuo compagno o alla tua famiglia, resta una piccola cicatrice. Puoi chiedere scusa, ma il segno resterà lì, come in questa porta. L'unica soluzione è di pensarci su due volte, prima di lanciare una freccetta».

PER PENSARE E CRESCERE

Tre cose che non ritornano

Un vecchio detto assicura che ci sono tre cose nella vita che, una volta che se ne vanno, non tornano più:

1. le parole pronunciate;
2. il tempo sprecato;
3. le occasioni perse.

Puoi vergognarti, come il bambino delle freccette, ma sono buchi che restano. Ecco perché, quando sei in preda alla rabbia, prima di parlare o di fare qualcosa, pensa alle conseguenze.

Dobbiamo essere consapevoli del fatto che le nostre azioni influiscono sulla felicità degli altri e sulla nostra. Prima di fare qualcosa è importante valutare l'impatto delle sue conseguenze.

22

LA LANTERNA DEL CIECO

La luce che ci illumina serve anche agli altri

Narra una leggenda orientale che, molto tempo fa, c'era un ragazzo di nome Kabir che a ogni tramonto usciva a fare una passeggiata nei bui vicoli della città.

La giovane Rohana lo osservava, notte dopo notte, dalla sua finestra che, essendo la più alta dell'edificio, le permetteva di guardare le passeggiate di quel ragazzo che reggeva sempre in una mano una lanterna a olio e nell'altra un bastone bianco con cui tastava il terreno.

Quando chiese spiegazioni ai suoi fratelli maggiori, loro le dissero che Kabir era completamente cieco.

«Ma allora a cosa gli serve la lanterna?» chiese Rohana, incuriosita.

Nessuno seppe risponderle.

Più curiosa di un gatto, per chiarire quel mistero, una notte Rohana decise di aspettare il cieco della lanterna a un angolo della strada da cui passava sempre.

Quando Kabir, che era bello come un angelo, arrivò, la ragazza lo fermò posandogli delicatamente una mano sulla spalla.

«Chi sei?» chiese lui con voce pacata.

«Mi chiamo Rohana. Tu non mi conosci, ma io so chi sei. È da tempo che ti osservo e volevo chiederti una cosa... Perché, se sei cieco, illumini il tuo percorso con una lanterna a olio?»

Kabir rise con fare bonario, mostrando i denti più bianchi che la ragazza avesse mai visto. Poi spiegò: «Io non ho bisogno della lanterna per illuminare il mio sentiero, visto che il buio è la mia casa e ci sguazzo come un pesce nell'acqua. Ho la lanterna accesa perché gli altri non mi sbattano contro».

Rohana fu così colpita da quella risposta che si innamorò immediatamente del ragazzo della lampada.

PER PENSARE E CRESCERE

Sii una luce

«Tutto ciò che di buono facciamo per noi è utile anche agli altri». Questa frase fu pronunciata da Buddha poco prima di morire, ma il nostro racconto aggiunge qualcosa di più alle sue sagge parole.

Così come la luce del cieco illumina anche il sentiero degli altri, qualsiasi miglioramento personale alla fine va a beneficio delle persone che ci circondano:

- imparare qualcosa di nuovo che poi insegneremo;
- fare una scoperta che merita di essere condivisa;
- dare una risposta che suggerisca a un amico la soluzione di un problema che lo preoccupa.

Tenere presente l'altro, sviluppare l'empatia e relazionarci a partire dal rispetto e dall'apprezzamento non soltanto genera situazioni di benessere, ma aiuta anche a far sì che la qualità della vita che condividiamo sia migliore. La luce portata dal cieco serve sia a evitare che altri inciampino sia a offrire l'occasione di un incontro inatteso con un amico, incontro che può cambiare in positivo la vita di entrambi.

23

POTERI DELLA MENTE

Se credi, crei

Il più famoso illusionista della storia si chiamava Houdini ed era noto per la facilità con cui fuggiva da qualsiasi situazione. Quelli che l'hanno visto in azione raccontano la meraviglia che provavano quando si liberava dalle catene e usciva da minuscoli sarcofagi.

C'era un paese inglese i cui abitanti erano molto sospettosi. Credevano che la sua fama di illusionista non fosse meritata e quindi decisero di metterlo alla prova.

Houdini accettò la sfida: doveva fuggire, in meno di sessanta minuti, da un carcere che era appena stato costruito. Era un carcere molto moderno e a prova di evasione.

Pur fidandosi delle sue abilità, il maestro delle fughe decise di entrare nella cella con un po' di aiuto extra... nascose sotto il suo cappotto una stanghetta d'acciaio flessibile che utilizzava per aprire le serrature. Il carceriere che lo rinchiuse non se ne rese conto.

Il sindaco, sua moglie, vari giornalisti, il medico, gli abitanti più anziani... erano tutti presenti e non osavano fiatare.

Il grande Houdini aveva appoggiato l'orecchio al chiavistello e mormorava parole magiche. Passarono dieci minuti, mezz'ora, quarantacinque minuti... e non accadde nulla!

L'illusionista era rosso in viso e grondava sudore. Non voleva arrendersi nonostante le autorità insistessero perché lo facesse. Come avrebbe potuto accettare la sua sconfitta? Lui, che era riuscito a fuggire da una bara fatta sprofondare in fondo al mare! Lui, che si era liberato da una camicia di forza nel più sicuro manicomio del paese!

Passò un'ora. Una signora si sentì male e un bambino scoppiò a piangere. Il sindaco sbadigliava e la maestra si era addormentata in piedi. Il pubblico tossiva sempre di più. L'illusionista continuava a combattere senza successo per forzare l'uscita.

L'orologio segnò le tre. Erano passate oltre due ore! Houdini decise di prendere una pausa. Era esausto.

«Sarà questione di un attimo» si scusò appoggiandosi alla porta della cella.

All'improvviso questa si aprì e l'illusionista andò a sbattere per terra. Il pubblico scoppiò a ridere. Tutti sapevano quello che il mago non era riuscito a scoprire: il carceriere non aveva chiuso il chiavistello!

La porta era chiusa soltanto nella mente di Houdini.

PER PENSARE E CRESCERE

È tutto nella tua mente

Questa storia che il pastore evangelista Robert H. Shuller raccontava ai suoi fedeli mette in primo piano lo strumento magico più potente al mondo: la mente.

Henry Ford, il creatore della famosa marca automobilistica, diceva: «Che tu creda di farcela o meno, avrai comunque ragione». Che cosa intendeva dire con questo? Be', che è la nostra mente a imporre dei limiti.

Due esempi:

1. una persona con la fobia di ritrovarsi sotto terra ripete a se stessa che, per sentirsi male, le basterà iniziare a scendere le scale per andare a prendere la metropolitana. Ed effettivamente accade proprio così. Crede di non farcela... e ha ragione (finché non cambierà questa sua convinzione);
2. un atleta è convinto di battere un primato mai raggiunto prima e alla fine ce la fa (questo è capitato parecchie volte). Crede di farcela... e ha ragione.

Un terzo esempio sarebbe quello del povero Houdini che è rimasto chiuso nella cella, pur essendo questa aperta, solo perché era convinto che fosse chiusa.

La realtà che viviamo è principalmente il risultato di ciò che crediamo. Sono le nostre convinzioni a darle forma e sono loro a farci prendere una determinata posizione nei suoi confronti. In effetti, che tu creda di farcela o meno, avrai comunque ragione.

24

UNA DOMANDA SENZA RISPOSTA

C'è vita dopo la morte?

Sara aveva dieci anni e sempre una domanda pronta: 'Perché gli uccelli volano e i pesci non lo fanno?', 'Che cosa c'è sotto il mare?', 'C'è vita su Marte?', 'Perché il sale è salato e lo zucchero è dolce?', 'Perché i pappagalli parlano e le scimmie no?', 'Come fai a sapere che le pietre non pensano?', 'Ma è vero che i gatti hanno sette vite?', 'Che cosa sognano i pinguini?'

Faceva domande persino quando era addormentata!

Esausti, i suoi genitori pensarono di aver trovato la soluzione quando scovarono un libro di mille pagine intitolato *Tutto quello che devi sapere prima di morire*.

Qualsiasi bambina avrebbe subito accantonato quel libro enorme, ma Sara era speciale: trascorse diversi mesi a leggere di fisica, archeologia, cucina, giardinaggio, lingue, letteratura… e senza fare domande!

I suoi genitori se ne stettero tranquilli finché, al suo undicesimo compleanno, dopo aver spento le candeline sulla torta, Sara annunciò che quella mattina aveva finito il libro.

Iniziarono a tremare, e a ragione, visto che lei disse subito: «Ho una domanda».

I genitori iniziarono a tossire.

«Ma non preoccupatevi. Soltanto una! C'è vita dopo la morte? Che cosa c'è esattamente?»

Alla festa calò un grande silenzio. Nessuno fu in grado di risponderle. Suo fratello maggiore, che aveva già diciott'anni, le spiattellò: «Ma guarda un po', la nanetta, non si è accorta che da milioni di anni le persone si chiedono sempre la stessa cosa… senza mai arrivare a una conclusione. Pensa di trovare lei la risposta?»

Quella notte, Sara non dormì. E nemmeno quella dopo.

Il lunedì, a scuola, finita la lezione, si avvicinò all'insegnante di scienze naturali e le chiese: «C'è vita dopo la morte?»

Siccome non ottenne una risposta soddisfacente, andò a chiedere al professore di fisica delle classi superiori, che a sua volta la indirizzò alla professoressa di filosofia che le disse, in modo piuttosto secco: «Per sapere cosa c'è dopo la morte, bisogna morire, e nessuno è tornato dall'altro mondo per raccontarcelo».

Decisa a trovare qualcuno in grado di darle una risposta, andò alla ricerca della bibliotecaria, una donna che parlava molte lingue e che stava per andare in pensione. Ma nemmeno lei seppe cosa dirle.

«Allora mi presti un libro che lo spieghi... Qui ce ne sono a migliaia!»

La bibliotecaria fece cenno di no con la testa. Indicò tutti i libri sulle mensole e le disse: «Se anche li leggessi tutti tre volte, non troveresti la risposta che stai cercando!»

Disperata, Sara andò in giardino e si sedette sotto il suo albero preferito, lasciando cadere una lacrima. Nessuno era stato in grado di darle una risposta! Che ne poteva fare della sua domanda?

«Perché piangi, piccola?» le chiese il giardiniere.

Gli adulti dicevano che Miguel era vecchio quanto la scuola. Aveva sempre lavorato lì. Sara lo apprezzava perché era molto gentile con i bambini.

«Nessuno vuole rispondere a una domanda molto importante. E se non scopro la risposta, non riuscirò mai più a dormire in pace» sospirò.

Miguel sorrise. Conosceva Sara e le sue domande.

«Vediamo un po' se questo povero vecchio ti può aiutare...»

«È una domanda molto difficile...» si scusò Sara. «C'è vita dopo la morte?»

Il giardiniere si sedette accanto a lei.

«È questa la domanda che ti tormenta?»

Sara annuì.

«Be', a me, cara, preoccupa un'altra cosa... C'è una domanda molto più importante perché implica una missione per noi» disse, misterioso, il giardiniere, «ed è: c'è vita prima della morte?»

PER PENSARE E CRESCERE

Cosa significa essere vivo?

Dal punto di vista medico, essere vivo significa respirare, avere il cuore che batte... Tuttavia questo lo faceva anche la bella addormentata della favola prima di essere risvegliata da un bacio.

Quello che il giardiniere vuole far capire alla nostra protagonista è che ESSERE VIVO, con le maiuscole, è qualcosa di più che non essere morto. Significa celebrare la vita e godere delle cose belle che ci offre, della nostra famiglia e dei nostri amici, significa essere felici di imparare, di viaggiare e di apprezzare la bellezza del mondo...

Se siamo in grado di fare tutto questo, possiamo dire che nel nostro caso c'è VITA prima della morte, perché esistere non equivale a vivere.

Questa riflessione di Bob Marley illustra alla perfezione in cosa consiste VIVERE con le maiuscole: 'Alcune persone sentono la pioggia, altre si bagnano e basta'.

25

LA LINGUA

Ci sono molti modi di parlare

Il Ghana è un piccolo paese africano vecchio di migliaia di anni, culla di grandi guerrieri e capi molto potenti.

Uno di loro era noto poiché era coraggioso e forte, aveva molti figli e bestiame. Ma i suoi servitori lo conoscevano anche perché, abituato a comandare, a volte lo faceva in malo modo: con parolacce, urla e senza ascoltare i suoi.

La capitale del suo regno era a un crocevia di strade da cui passavano i commercianti di tutti i paesi vicini. I venerdì mettevano su un mercato per vendere i propri prodotti.

Venutolo a sapere, il nostro capo chiamò il suo servitore più giovane, un ragazzo sempre sorridente e contento di nome Mamu.

«Tu, vai al mercato e comprami il migliore pezzo di carne che trovi. Mi hai sentito bene, scemo? Il migliore! E vedi di fare in fretta che ho fame!»

Mamu andò via tutto contento. Gli piaceva andare al mercato perché era innamorato di una delle giovani che vendevano i fiori. Ma non solo per quello: anche perché lì aveva amici e adorava scoprire la frutta esotica di altri paesi.

Quando arrivò, diede un'occhiata ai banchi di carne, ma non lo convinceva nessuno, anche se offrivano merce fresca e tenera. Finché raggiunse l'ultimo, dove il venditore aveva messo in bella mostra una lingua di vacca vecchia e piena di mosche.

Ricordando la frase del suo padrone, 'comprami il migliore pezzo di carne', non ebbe alcun dubbio e la comprò.

Quando rientrò dal suo padrone e gliela mostrò, l'uomo rimase perplesso, ma aveva una tale fame che non volle discutere. Si disse che avrebbe punito il suo servo una volta finito di mangiare quella roba così dura, secca e maleodorante.

Ma quella lingua fu una sorpresa per tutti: era squisita!

Per diverse settimane, tutti parlarono della bontà di quella carne. Quindi, dopo un po' di tempo, quando montarono di nuovo il mercato, il capo chiamò di nuovo Mamu.

Ma questa volta cercò di fargliela e gli disse: «Comprami il peggior pezzo di carne che trovi. Il più economico, vecchio, secco, sporco... Hai capito?» E glielo urlò perché ci andasse subito.

Mamu andò al mercato felice come sempre. Superò tutti i banchi di cappelli, salutò la sua amata, passeggiò tra le stoffe e si diresse a quelli della carne.

Li passò in rassegna uno a uno: guardava una coscia di agnello ma gli sembrava troppo buona; nel banco successivo c'erano delle costine di maiale ma anche quelle avevano un colore troppo bello... Nessuna rispondeva alle caratteristiche richieste dal suo padrone.

Tornò al banco della volta precedente: vendevano di nuovo un'enorme lingua di vacca, tagliata male e piena di mosche.

«Per favore, vorrei quella lingua».

Tornò a casa con quella e il suo capo, molto arrabbiato, gli disse: «Ma credi che sia stupido? Giorni fa ti ho chiesto di portarmi il miglior pezzo di carne e mi hai comprato una lingua... Oggi ti ho chiesto il peggiore e sei di nuovo tornato con una lingua. Mi prendi in giro?»

Mamu si chinò e, con molta cortesia, gli rispose: «No, padrone. Non penserei mai che tu sia uno stupido. Ho eseguito gli ordini: la lingua può essere la parte migliore o la peggiore. Se si usano buone parole, sarà dolce e porterà felicità. Se si usano brutte parole, sarà dura e amara; porterà arrabbiature e tristezza».

Il capo, che, nonostante tutto, aveva un buon cuore, capì che Mamu gli aveva appena dato una grande lezione. E rimase a pensare per tutta la notte, senza riuscire a chiudere occhio.

La mattina, ordinò che convocassero il suo popolo nella piazza principale. Si posizionò giusto sotto l'albero della parola, che esiste in tutti i villaggi della regione, e disse gentilmente: «Vorrei chiedervi scusa per tutte le volte che vi ho parlato male, vi ho gridato contro o vi ho insultati. Da questo momento in poi, sarò il primo a dire buone parole alle vostre orecchie. Mamu, che nomino consigliere, sarà l'incaricato che me lo ricorderà. Che la pace vi accompagni!»

Se dovessi andare in viaggio in Ghana e andassi a visitare questa remota regione di montagna, forse ti sorprenderanno le belle parole usate dai suoi abitanti.

PER PENSARE E CRESCERE

Un bel tacere non fu mai scritto

Noi esseri umani parliamo in diversi modi, anche attraverso i nostri gesti o le posizioni del corpo, ma senza dubbio il nostro principale mezzo di comunicazione sono le parole.

E, proprio come nel racconto che abbiamo appena visto, queste possono essere dolci o amare, dure o tenere, dolorose o confortanti.

Come il capo della tribù, spesso siamo 'mal-dicenti' senza nemmeno esserne consapevoli.

Questo avviene quando urliamo, critichiamo o puntiamo il dito contro qualcuno, rivolgendogli rimproveri che lo feriscono. Questa modalità di comunicazione è l'ESPRESSIONE DI UNA LAMENTELA e, come indica lo scrittore Mario Reyes, può essere sostituita con l'ESPRESSIONE DI UN BISOGNO, perché ogni lamentela nasconde un bisogno.

Un esempio pratico. Invece di dire a un amico: 'Ma non ci vediamo mai! Cos'è, ti sei stufato di me?', possiamo dire: 'Ultimamente mi manchi molto. Mi piacerebbe riuscire a vederti di più'.

Stiamo esprimendo lo stesso concetto, ma la reazione dell'altro sarà completamente diversa.

Avere cura delle parole nei confronti degli altri e verso noi stessi è un modo davvero potente di avere cura delle relazioni e degli affetti con cui nutriamo la nostra vita. Se fossimo consapevoli del grande potere delle parole, le useremmo con maggiore consapevolezza e rispetto, verso noi stessi e verso gli altri.

26

L'ALBERO MAGICO

Lascia dormire i problemi
e ne scoprirai la vera importanza

C'era una volta un falegname che, comunque fossero andate le cose, ogni giorno, prima di rincasare, toccava i rami di un albero del suo giardino. Questo gesto era sufficiente a fargli tornare il buon umore.

Rientrato, chiacchierava con la moglie e i figli come se quella sera stessero per cominciare le vacanze.

Uno studente della casa accanto, che aveva notato quel curioso rituale, un giorno gli chiese cosa facesse nel giardino che gli permetteva di rientrare sempre allegro e rilassato.

«Be', quello è il mio albero dei problemi» gli rispose, contento. «Quando ero molto giovane, mi preoccupavo di tutto e ce l'avevo sempre con qualcuno. Sai com'è... mi bastava uscire di casa per imbattermi in qualche guidatore incapace, in un cliente scortese o insolvente, oppure mi si rovinava qualche attrezzo indispensabile... Tutto questo mi faceva arrabbiare».

«E adesso non più?» chiese lo studente, molto interessato.

«Continuo ad avere i miei problemi, come tutti! Ma ora non permetto più che entrino in casa. Perché se ne dovrebbe far carico la mia famiglia? Alla fine di ogni giornata di lavoro, immagino di appenderli a quell'albero e di riprenderli la mattina dopo. E la sai una cosa?»

Lo studente lo ascoltava, affascinato, con gli occhi spalancati.

«Al mattino ne ritrovo sempre molti di meno, e sono anche più piccoli della notte prima».

PER PENSARE E CRESCERE

Una formula per de-preoccuparsi

Questa storia, di cui siamo venuti a conoscenza molti anni fa grazie a Jorge Bucay, sottolinea una delle principali cause d'infelicità delle persone: non essere in grado di godersi il momento presente perché siamo...

- arrabbiati con qualcuno, che ci ha detto questo o quell'altro;
- pre-occupati di qualcosa, invece di occuparcene;
- ansiosi per quanto possa accadere, sebbene non siamo indovini in grado di fare pronostici sul futuro.

Anche tu puoi avere il tuo 'albero dei problemi' immaginario dove far riposare tutto quello che ti fa male. Garantito che il giorno dopo vedrai le cose con altri occhi... È questione di tempo!

In realtà, spesso siamo assillati da problemi che ancora non ci sono, oppure rimaniamo legati a problemi del passato che ormai non ci sono più, ma che continuiamo a evocare nella nostra memoria e che ci rovinano il presente.

Se c'è un problema, risolviamolo, ma se trascinarcelo dietro senza far nulla per risolverlo ci crea malumore, tristezza, pesantezza, amarezza o angoscia, allora meglio lasciarlo appeso a un albero dei problemi o addirittura buttarlo nella pattumiera.

In merito a questo, uno psicologo americano diceva ai suoi pazienti: «Può dirmi se la cosa di cui mi sta parlando avrà una qualche rilevanza da qui a un anno? Se la risposta è no, allora può gettare il problema nella pattumiera».

27

RIEMPIRE LA CASA

Guardare al di là dell'evidente

L'Etiopia è un misterioso paese dell'Africa, molto antico e bello. Lì ci abitano tanti pastori che si occupano dei loro piccoli greggi di capre e pecore. Sono persone buone e grandi lavoratrici, con una vita dura a causa del clima e del deserto.

Uno di loro, di nome Jerjes, percependo che la morte lo stava venendo a prendere, chiamò i suoi tre figli per salutarli.

«Siete stati tutti dei bravi figli, ma siamo così poveri che non posso dividere in tre quel poco che ho. È così scarso che non ci potreste fare nulla. Quindi ho pensato di lasciare tutto al più intelligente, perché lo faccia crescere e in futuro possa aiutare i suoi fratelli, se dovessero averne bisogno».

«Padre, e chi è il più intelligente?» gli chiese il maggiore.

«Lo sapremo presto...»

«Come?» si sorprese il secondogenito.

«Ho pensato a una semplice prova che rivelerà chi è il più indicato per evitare che il mio piccolo gregge muoia e per far crescere il mio umile orto».

«E cosa dobbiamo fare?» insistette il più piccolo.

«Ho lasciato sul tavolo una moneta ciascuno» sospirò il padre. «Andate al mercato e comprate qualcosa con cui possiate riempire la casa. Chiunque ci riuscirà sarà il mio erede».

E così, il maggiore pensò che la soluzione sarebbe stata la paglia, che era economica. Quindi ne comprò parecchia... un carro intero! Ma riuscì a riempire solo metà casa.

Vedendo che il fratello di mezzo arrivava con un mucchio di sacchi pieni di piume, si rattristò. C'erano migliaia e migliaia di piume, ma nemmeno così la casa si riempì.

Arrivò il turno del piccolo, che tutti avevano sempre considerato il più stupido e debole. Suo padre e i fratelli lo guardarono sorpresi: non aveva né carro né sacchi, nemmeno una semplice borsa.

«Non hai comprato niente? Cos'hai fatto con la moneta?» lo riprese il maggiore.

Il figlio minore non disse niente, infilò la mano in tasca e tirò fuori una candela.

«E tu pensi di riempire la casa con una sola cosa?» lo prese in giro il secondogenito. «La nostra capanna è piccola ma non così tanto!»

Il padre sorrise. Aveva capito le intenzioni del figlio minore senza bisogno che dicesse nulla. Non appena calò il buio, il giovane accese la candela e la casa si riempì di luce.

«Ora posso morire in pace, perché uno di voi è riuscito a realizzare il mio desiderio».

Il minore ereditò tutto. E siccome era una brava persona, permise ai suoi fratelli di lavorare con lui e di vivere insieme nella casa. Le persone del luogo raccontano che fu così abile e attento negli affari che, alla sua morte, era la persona più ricca e rispettata della regione.

PER PENSARE E CRESCERE

Il potere della semplicità

Questo racconto tradizionale africano ci ricorda un aneddoto che, stando a quanto narrano, accadde quando gli Stati Uniti erano in lotta contro l'Unione Sovietica – la Russia di oggi – nella corsa alla conquista dello spazio.

Uno dei problemi degli astronauti era che per via della mancanza di gravità, le penne non funzionavano. Poiché l'inchiostro non scendeva, le penne non scrivevano e l'equipaggio non poteva prendere appunti.

A quanto pare, gli Stati Uniti spesero oltre un milione di dollari per ideare una penna in grado di scrivere nelle particolari condizioni dei viaggi spaziali.

Gli astronauti dell'Unione Sovietica, tuttavia, trovarono una soluzione più semplice: usarono le matite.

Il fatto è che essere semplici non è affatto semplice, perché la semplicità nasce dalla saggezza e la saggezza è il risultato dell'osservazione e della riflessione. Ed entrambe si raggiungono attraverso la calma. Se invece di correre senza sosta ci fermassimo a riflettere serenamente, eviteremmo molti problemi e otterremmo risposte di un'ovvietà disarmante che ci farebbero di certo vivere con maggiore semplicità.

28

SEMPRE LA STESSA BARZELLETTA

Continuare a ripeterci un problema non aiuta a risolverlo

In uno degli angoli più frequentati di Central Park, c'era un vagabondo che dicevano essere l'uomo più intelligente di New York poiché aveva una soluzione per ogni problema. Ecco perché in molti andavano da lui alla ricerca di consigli e, prima di andare via, lasciavano una moneta nel suo cappello.

Vicino a questo enorme parco, viveva Liliana, un'adolescente che piangeva da settimane perché il suo fidanzato l'aveva lasciata con la scusa che andava a studiare in Europa.

Stanca di sentire giorno e notte i suoi lamenti, la madre decise di portarla a parlare con il saggio vagabondo, nel caso in cui avesse una soluzione per la figlia.

Vedendo il suo aspetto stravagante, con capelli lunghi e occhiali con le stelline sulla montatura, la ragazza pensò di andarsene, ma la madre insistette perché si avvicinasse a raccontargli il suo problema.

Brontolando, Liliana accettò e, mentre raccontava la sua grande disgrazia all'uomo del parco, le lacrime ripresero a bagnarle le guance.

Dopo averla ascoltata con attenzione, il saggio vagabondo le disse, con voce dolce: «Tu mi hai confidato la tua storia e io te ne donerò un'altra. Conosci la barzelletta dei pinguini?»

«No...» disse Liliana, offesa.

«Allora, ascoltala bene... Una donna, grande amante degli animali, dalla macchina vede un gruppo di pinguini che cammina a cinque isolati dallo zoo di New York. Capendo che sono fuggiti, decide di scendere a risolvere la faccenda prima che li investano. Siccome la donna è in ritardo per una riunione importante, ferma un giovane ragazzo con l'aria da tontolone, gli dà un biglietto da 50 dollari e gli dice: 'Tieni questi soldi e porta subito quei pinguini allo zoo'».

Liliana ascoltava quella storia sempre più indispettita, ma non osò interrompere il vagabondo, che proseguì: «Tre ore dopo, la donna ritorna alla sua auto ripercorrendo la stessa strada e s'imbatte nel ragazzo con la faccia da tontolone insieme ai pinguini. Furiosa, scende dall'auto e chiede al ragazzo perché non ha fatto quello che gli ha chiesto. E lui le risponde: 'Certo che l'ho fatto! Ho portato i pinguini allo zoo, come mi ha detto, e con i soldi che sono avanzati adesso li porto al cinema!'»

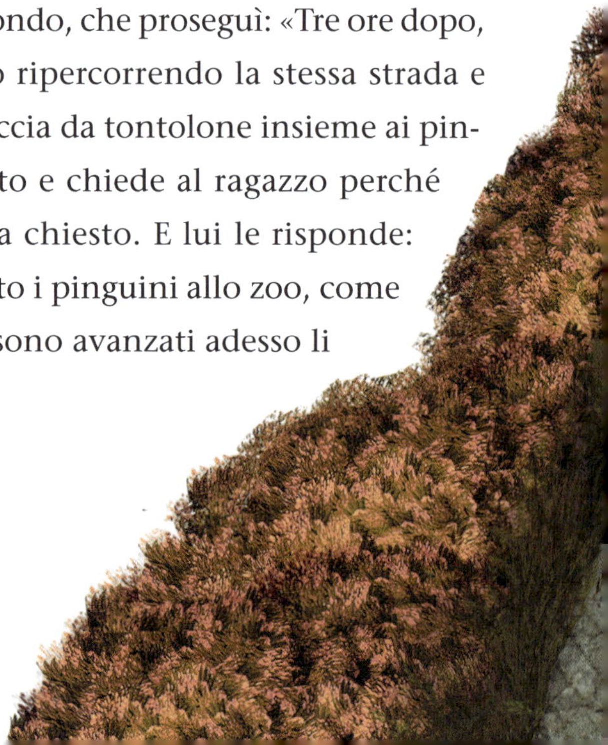

Il vagabondo scoppiò a ridere insieme a Liliana che rideva a sua volta per la bruttezza della barzelletta.

«Aspetta, non andartene ancora...» le chiese l'uomo. «Ho una cosa da raccontarti».

La ragazza annuì, convinta che ora l'uomo le avrebbe parlato del suo problema, dopo averla fatta ridere con la barzelletta.

Per suo grande stupore, il vagabondo disse: «Una donna, grande amante degli animali, dalla macchina vede un gruppo di pinguini...»

Poiché aveva la sensazione che quell'uomo desse i numeri, per educazione Liliana ascoltò di nuovo la barzelletta e gli offrì soltanto un sorriso finale. Poi fece a sua madre un cenno per andar via, ma il vagabondo la fermò.

«Aspetta, non ancora. Non ho finito...»

Quando l'ipotetico saggio prese a raccontare per la terza volta la barzelletta dei pinguini, Liliana non ce la fece più e urlò: «E basta! La barzelletta era carina la prima volta! Non ho bisogno che me la continui a ripetere!»

«Capisco...» disse l'uomo guardandola dritto negli occhi. «Mi stai dicendo che non puoi continuare a ridere per la stessa barzelletta, giusto? La conosci già! E allora perché piangere un giorno dopo l'altro quando il problema è sempre lo stesso?»

PER PENSARE E CRESCERE

Fermare il disco rotto

All'epoca dei tuoi nonni, la musica si ascoltava su dischi di vinile – un materiale simile alla plastica – che giravano intorno a un perno mentre una puntina leggeva la canzone lungo un solco sempre più breve, come la spirale di una rotella di liquirizia, fino ad arrivare al termine.

A volte, a causa di un colpo al giradischi, la puntina graffiava il piatto e, finito il giro, riprendeva dall'inizio, per cui il disco non finiva mai. Se non sollevavi la puntina, era possibile che per ore continuassi a sentire una cosa del genere: 'Io ti amavo tanto, ma tu... Io ti amavo tanto, ma tu... Io ti amavo tanto, ma tu...'

A volte la nostra testa funziona come un disco rotto. Siamo così arrabbiati o tristi per qualcosa che è successo che continuiamo a ripeterci sempre le stesse cose. E questo non aiuta a risolvere niente.

Come dice Liliana al saggio vagabondo, la barzelletta è simpatica solo la prima volta. Non ha senso continuare a raccontarla perché ormai la conosciamo già. E lo stesso accade con i nostri problemi e calamità. Una volta che abbiamo capito cos'è successo e abbiamo riflettuto su come non farlo ricapitare, è inutile continuare a insistere.

Forse, come dice un proverbio orientale, 'se c'è rimedio, perché te la prendi? E se non c'è rimedio, perché te la prendi?'

Invece di trasformarti in un disco rotto, quando inizi a ripeterti, come l'uomo della barzelletta, solleva la puntina e cambia disco.

29

L'AQUILA E IL FALCO

Insieme ma non legati

I Sioux, grandi cavallerizzi, molti anni fa dominavano le praterie e i boschi degli Stati Uniti. Uno dei più famosi era Toro Bravo, un guerriero molto coraggioso, innamorato fin da piccolo di Nube Azzurra, la figlia del capo della sua tribù. Anche lei lo amava profondamente.

La leggenda narra che un giorno andarono insieme a parlare a Uccello Saggio, l'uomo più anziano del villaggio, come facevano di solito i giovani all'epoca.

«Vogliamo stare insieme finché non verrà a cercarci la morte» disse Toro Bravo.

«E anche nell'aldilà» aggiunse Nube Azzurra. «Conosci qualche incantesimo o qualche pozione che ci possa aiutare?»

Il saggio riconobbe l'amore sincero negli occhi dei due giovani e decise di aiutarli.

«Conosco una cosa difficile, ma chissà...»

«Non abbiamo paura!» esclamò uno.

«E non siamo pigri...» commentò l'altra.

«Faremo qualsiasi cosa!» urlarono entrambi, emozionati.

«Tranquilli... Ognuno farà la sua parte».

L'anziano cinse quindi Nube Azzurra per le spalle e le spiegò che doveva scalare la montagna più alta della regione: «Con le mani e una rete caccerai il falco più bello e lo porterai qui vivo, dopo la luna piena».

Detto questo alla giovane sioux, si rivolse poi a Toro Bravo:

«Tu, raggiungerai la cima della Montagna del tuono e, con le stesse armi, catturerai l'aquila più forte e la porterai qui lo stesso giorno».

I giovani accettarono, si abbracciarono e si salutarono con la gioia negli occhi. Avrebbero fatto qualsiasi cosa perché il loro amore durasse per sempre.

Giorni dopo, al sorgere della luna piena, si ritrovarono nella tenda dell'anziano. Ognuno aveva portato a termine la propria missione. Erano molto orgogliosi.

«Bene, bene...» mormorò l'anziano. «Adesso legate la zampa destra dell'aquila alla sinistra del falco. E poi lasciate che volino via liberi».

I giovani fecero ciò che gli era stato ordinato. Gli uccelli cercarono più volte di alzarsi in volo, senza però riuscirci: cadevano a terra, contro le pietre, e si colpivano le ali.

Irritati e frustrati, l'aquila e il falco iniziarono ad attaccarsi con i becchi. A quel punto l'anziano li liberò e loro volarono via, lontano.

«Voi siete come questi uccelli, non dimenticatelo mai. Se vi legate l'uno all'altro, anche se la corda è fabbricata con grande affetto, non riuscirete a volare e alla fine vi farete male. Se volete che il vostro amore sopravviva al passare del tempo, volate insieme, ma mai legati».

PER PENSARE E CRESCERE

Amare senza dipendere

Molti credono, erroneamente, che amare qualcuno significhi dipendere, essere gelosi o persino arrivare alle minacce se si rischia di perdere la persona. Questo tipo di relazioni, che vediamo in alcune commedie romantiche, si basa su frasi come queste:

- Se tu mi lasciassi, io morirei;
- Senza di te non sono niente;
- Sei l'altra metà della mia mela.

Chi mai può volare se legato in un modo così terribile?

Se una persona ti sta dicendo che muore senza di te, ti nega la libertà di decidere se vuoi stare o meno con lei.

Se l'altro ha bisogno di noi per essere qualcuno… che razza di responsabilità ci dà!

E mezza mela può solo essere mangiata altrimenti marcisce. Molto meglio essere una mela intera.

Quindi amiamoci, ma con la libertà di due uccelli che volano sotto lo stesso cielo.

30

I TRE FILTRI

A chi è d'aiuto questo pettegolezzo?

«Professoressa, professoressa!» urlò Ana correndo nel corridoio.

La bambina era così sconvolta che per poco non andò a sbattere contro una porta per raggiungere la sua insegnante di inglese.

La donna le sorrise. Cosa doveva esserci di così importante perché una delle sue allieve la seguisse in quel modo? Quando Ana la raggiunse, non riusciva quasi a respirare.

«Qualcuno si è fatto male?» le chiese.

«No, no, peggio!»

«Davvero?» La donna si allarmò ancora di più.

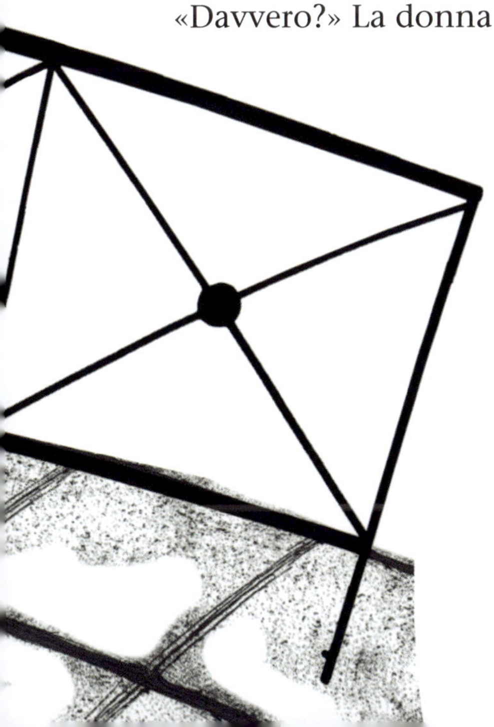

Ana si fece seria. Tossì. Guardò, molto nervosa, da una parte e dall'altra del corridoio e disse: «Certe ragazze stavano parlando di lei e hanno detto...»

L'insegnante le fece un cenno con la mano chiedendole di non proseguire.

«Pensa bene a quello che stai per dire... Per prima cosa: quello che vuoi raccontarmi è vero?»

L'alunna si sorprese per la domanda. Era impossibile che quello che avevano detto le sue compagne fosse vero. Era una scemenza!

«Non credo» rispose, «ma...»

L'insegnante la fermò di nuovo: «Prima di parlare, vorrei che mi dicessi un'altra cosa. Quello che stai per dirmi è utile? Aiuterà qualcuno?»

«Sinceramente no... ma...»

«È almeno divertente?» sospirò la donna. «Rideremo? Potrò raccontarlo agli altri insegnanti per farci due risate?»

Ana fece cenno di no a capo chino.

«E allora perché me lo vuoi riferire?»

Fu così che Ana comprese che non tutto quello che si sente in giro va ripetuto, e fu anche così che l'insegnante di inglese non seppe mai che i suoi allievi la ritenevano una strega, figlia di stregoni che per cena mangiava topi e rospi.

PER PENSARE E CRESCERE

Stai alla larga dai pettegoli

Quando qualcuno viene a raccontarci qualcosa di brutto che ha sentito su di noi, anche se dice di farlo per amicizia, ci sta facendo un magro favore. Ci fa provare rabbia e tristezza. Magari perderemo persino un amico. A che cosa ci serve sapere i pettegolezzi?

Quando porta messaggi negativi, il messaggero è tanto colpevole quanto chi ha parlato male di noi, visto che entrambi causano il nostro male. A chi è utile?

Il metodo dei 'tre filtri' utilizzato da Socrate, e che abbiamo illustrato in questo racconto, ci propone di farci tre domande prima di diffondere un'informazione negativa su qualcuno:

1. FILTRO DELLA VERITÀ. Sei sicuro che quello che stai per raccontare sia vero?
2. FILTRO DELLA BONTÀ. Quello che stai per dire è una cosa buona?
3. FILTRO DELL'UTILITÀ. Servirà a qualcosa diffondere quello che hai sentito?

Se un messaggio che può ferire non supera la prova di questi tre filtri, è meglio tacere.

31

PIETRE GRANDI, PIETRE PICCOLE

Bisogna saper dare importanza a ciò che conta

«Quante pietre ci stanno in questo vaso?» chiese il professore di matematica indicando un recipiente di vetro dall'apertura ampia che aveva lasciato su un banco.

Nessuno degli allievi si azzardava a rispondere. Come indovinare a una semplice occhiata quanti ciottoli potevano stare lì dentro?

Il professore iniziò a riempirlo con le pietre che tirava fuori da una borsa di stoffa. Quando i ciottoli arrivarono fino in cima al recipiente, chiese di nuovo: «Adesso è pieno?»

«Sì!» urlarono vari alunni.

Si sentirono dei mormorii e qualche risata che cessò quando il professore tirò fuori da sotto il tavolo un secchio pieno di sabbia. Ne versò dentro un po' e lo agitò. I granelli scivolarono tra le pietre più grandi.

«Non dovreste rispondere così alla leggera» commentò il professore, divertito. «Come avete visto, non era del tutto pieno... e adesso lo è?»

Tutti tacquero. L'insegnante insistette e gli allievi parvero

tentennare. La migliore della classe alzò la mano e dichiarò: «Adesso sì, ora non ci sta più niente».

«Secondo te è così? Vediamo...»

Allora tirò fuori dalla borsa una bottiglia d'acqua da un litro e mezzo e iniziò a versarla con cura nel recipiente. Il liquido scese tra i ciottoli e la sabbia fino a riempire nuovamente il recipiente, dinanzi allo stupore di tutta la classe.

«E adesso? È pieno?»

«Forse no!» esclamarono in tanti all'unisono.

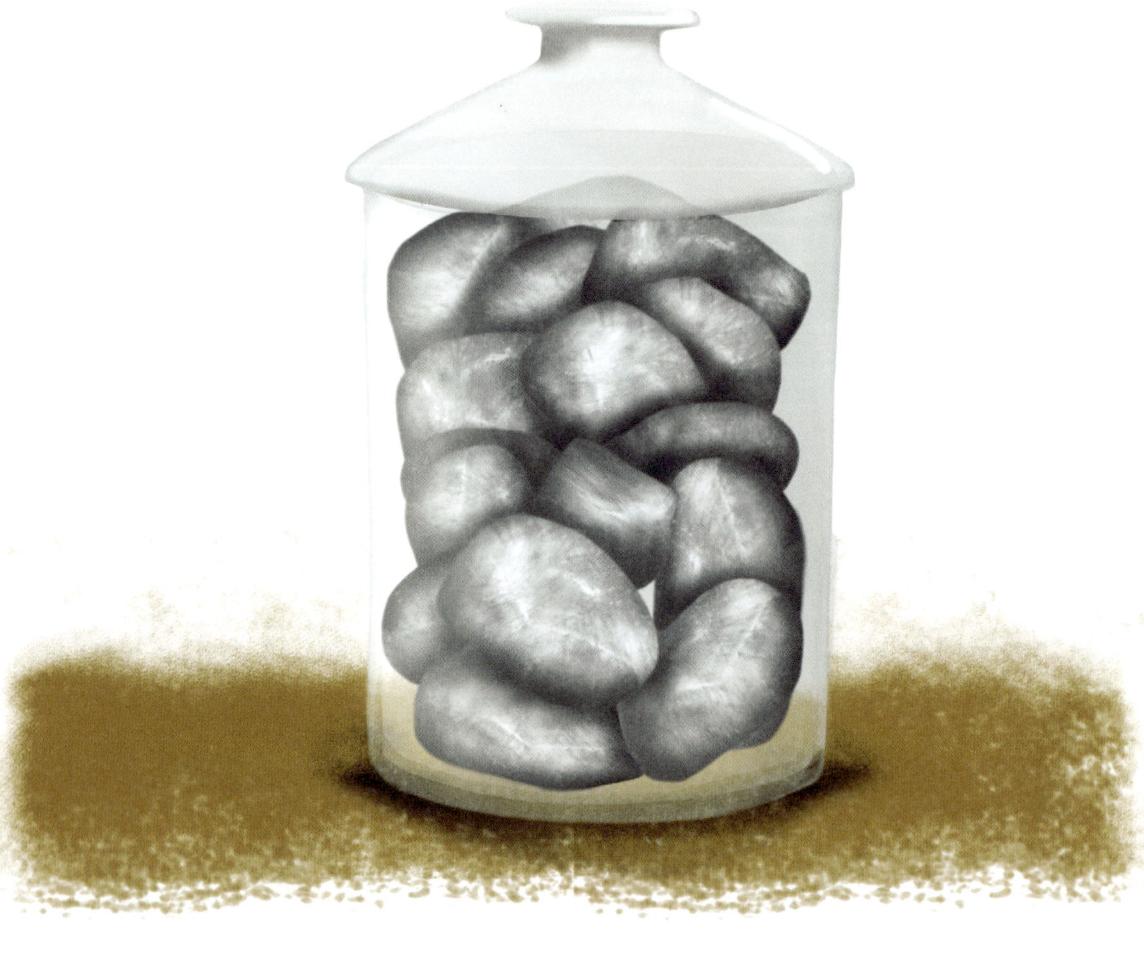

Il maestro sorrise orgoglioso. Le sue lezioni stavano per finire ed erano state tra le più interessanti. Per concludere, prese dalla borsa un'agenda e l'alzò con una mano, reggendo con l'altra il recipiente che aveva riempito per tre volte.

«Cosa vi ho appena dimostrato?»

L'alunna di prima rispose: «Che non ha importanza quante cose hai da fare, puoi sempre aggiungerci qualcos'altro!»

«No...» disse tranquillo il maestro. «In realtà volevo insegnarvi l'esatto opposto. La vostra vita e il vostro tempo sono come questo recipiente. Se le pietre grandi non le mettete subito, dopo non ci staranno più».

PER PENSARE E CRESCERE

Scrivi la tua lista di priorità

Questo racconto di un autore sconosciuto, che viene spesso utilizzato nelle scuole di amministrazione aziendale, è un invito a porci una domanda: quali sono le pietre grandi della nostra vita? Quelle davvero importanti.

Per i genitori dovrebbero essere i figli. Per un giovane artista, le sue creazioni. Per un missionario, il servizio alla comunità. Per tutti noi, i nostri sogni.

Diamo loro il posto che meritano? O restano fuori dal recipiente, dalla nostra vita, perché ci abbiamo infilato dentro cose non importanti e che ora non ci stanno più?

Scrivi la tua lista di priorità e mettile in ordine. Se dovessi morire domani, cos'è che odieresti non aver fatto? Quella deve essere la tua priorità numero uno.

Segna sul tuo diario quello che deve stare al primo posto. Il resto troverà il suo spazio.

32

MALEDETTO DISORDINE

Le cose non saranno mai del tutto perfette

Una bambina fissata con l'ordine un giorno andò da suo padre e gli chiese: «Come mai le cose vanno in disordine così facilmente, papà?»

«Cosa vuoi dire?» sorrise lui. «Credi forse che si mettano in disordine da sole?»

«Non so come spiegartelo... Per quanto metta a posto la scrivania, se mi distraggo un attimo torna tutto nel caos. Com'è possibile? È come se le cose avessero vita propria e non gli piacesse essere perfette...»

«Vediamo. Mi piacerebbe conoscere una scrivania dove le cose siano perfette».

«Te la faccio vedere io, papà!» disse la bambina, che corse verso la sua stanza per riordinare la scrivania.

Poi chiamò il padre, che andò in camera a vedere cosa avesse fatto sua figlia. I fogli con gli appunti erano attentamente impilati, le biro, le matite e le gomme erano tornate nei loro cassetti e i libri erano ben allineati sulle mensole sopra la scrivania.

«Adesso è tutto perfetto, papà, ma non durerà...»

Il padre si toccò il mento prima di scostare leggermente la pila di appunti che non fecero più un angolo retto con il bordo della scrivania.

«Dimmi, e ora cosa succede?»

«È di nuovo in disordine, papà. Gli appunti dovrebbero essere dritti e invece sono storti».

A questo punto, il padre aprì il cassetto e tirò fuori alcune matite che la figlia vi aveva riposto e le posò sulla scrivania. Poi prese un libro, lo aprì e chiese: «E adesso?»

«La scrivania è di nuovo in disordine!» disse la bimba imbronciata.

«Tesoro, non è che le cose si disordinino così facilmente... Il fatto è che tu hai molti modi di vederle in disordine e uno solo di vederle in ordine. Non essere così rigida».

PER PENSARE E CRESCERE

Il caos è emozionante

Questa storia, che abbiamo scoperto grazie al terapeuta Jordi Gil, la raccontava durante i suoi seminari l'importante psicologo Gregory Bateson.

Ciò che esprime l'atteggiamento della bambina va ben oltre l'ordine della sua scrivania. Ci piacerebbe che le cose fossero sempre 'perfette'. Questo significherebbe che non morirebbe mai nessuno, che l'auto di nostra madre non si guasterebbe mai o che sarebbe proibita la pioggia il giorno in cui andiamo al parco. Tuttavia, la vita è spesso caotica e imprevedibile. Ed è questo che la rende così speciale e preziosa. Sarebbe molto noioso se la nostra scrivania fosse sempre in ordine e che sapessimo sempre cosa sta per succedere.

È proprio il saper accettare lo squilibrio a permetterci di correggerlo e renderlo bello. In Giappone esiste un'arte meravigliosa chiamata *Kintsugi* che consiste nel riparare le crepe della ceramica con l'oro. E quest'arte, grazie alla quale si ottengono opere di straordinaria bellezza, sottolinea il bello della fragilità e dell'imperfezione. Quando aggiusta un pezzo di ceramica rotto, l'artista non cerca di fare un restauro invisibile, ma anzi al contrario vuole sottolineare la bellezza di cicatrici, colpi e ferite perché in essi c'è la vita così com'è ed è riconoscendo la fragilità che le diamo valore.

33

GLI OCCHI DEL CUORE

Se guardiamo con amore, tutto è possibile

Nel reparto pediatrico di un ospedale, Andrea e Julio condividevano la stessa stanza. Julio era lì per via di una malattia polmonare. Ogni pomeriggio, le infermiere lo facevano sedere sul letto perché il liquido si drenasse. E così, in quel lasso di tempo, riusciva a guardare dall'unica finestra della stanza.

La sua compagna, sul letto che dava verso la parete, aveva avuto un incidente d'auto con i suoi genitori: si era fatta male alla spalla e al bacino e doveva stare sempre ferma a pancia in su.

Julio e Andrea divennero grandi amici. Passavano ore e ore a parlare delle loro serie televisive preferite, delle gite che avevano fatto con i genitori e dei compagni di scuola. Ridevano molto insieme e, nonostante il dolore e il fatto di non poter uscire, il tempo trascorreva veloce.

Ogni pomeriggio, quando le infermiere lo facevano sedere, Julio raccontava ad Andrea quello che vedeva dalla finestra. Erano ricoverati da più di un mese e sentivano nostalgia del sole, della strada, della gente... di tutto! Quindi il bambino faceva il possibile per raccontare all'amica ciò che vedeva: un bellissimo parco con uno stagno e le anatre, un campo da basket e una panchina su cui gli anziani leggevano il giornale sotto il sole.

«Quando usciremo da qui, un giorno ci troviamo in quel parco a fare una partita di basket» gli disse un sabato Andrea dal suo letto.

«Aggiudicato!» rispose Julio.

Quando ormai erano già due mesi che erano amici, Julio venne dimesso. Era guarito.

Andrea da una parte ne fu felice ma dall'altra dispiaciuta. Ora sarebbe rimasta sola in quella stanza e sarebbe dovuta restare ancora un po' di settimane ferma nel letto.

Prima di andarsene, l'amico le regalò il suo libro preferito e

le promise che l'avrebbe aspettata per andare insieme al parco, proprio come si erano promessi.

Ad Andrea scappò una lacrima. Senza la compagnia di Julio, le settimane che restavano sarebbero state lunghissime. Chiese all'infermiera di essere messa accanto alla finestra. Così almeno avrebbe potuto vedere gli alberi, le oche e i ragazzi che giocavano a basket.

Dopo un paio di giorni, la spostarono in quello che era stato il letto del suo amico, approfittando del fatto che ora poteva muoversi un pochino. Da ormai due mesi era immobilizzata e aveva visto soltanto il soffitto.

Quando riuscì a guardare con i suoi occhi fuori dalla finestra, ne fu profondamente delusa. Non c'era nessun parco, né alberi né bambini che giocavano. Si vedeva soltanto il muro bianco dell'altro edificio dell'ospedale.

«Quando hanno costruito questo muro? Perché?» chiese Andrea, molto triste, all'infermiera.

«È sempre stato qui... da quando hanno costruito l'ospedale».

«Ma è impossibile! Questa finestra si affacciava su un parco con uno stagno... Ogni pomeriggio Julio mi raccontava dei cani che ci passeggiavano, se vedeva bambini o soltanto anziani, di che colore erano le foglie...»

Prima di rispondere, l'infermiera sospirò: «Julio inventava ogni pomeriggio quel parco per te, Andrea, perché fossi un pochino più felice».

Andrea si lasciò scappare una lacrima. Ora si sentiva fortunata: relegata in quel luogo, in mezzo al dolore aveva trovato il migliore amico al mondo. Qualcuno che teneva così tanto alla sua felicità da poter sognare per lei.

PER PENSARE E CRESCERE

Qual è il segreto della felicità?

François Lelord, quasi vent'anni fa, scrisse *Il viaggio di Hector o la ricerca della felicità*, un libro in cui racconta la storia di uno psicoterapeuta che non è felice e non riesce a rendere felici i suoi pazienti, per cui intraprende un'avventura per scoprire come si possa essere felici.

Dopo molti incontri e conversazioni, Hector fa diverse scoperte che gli insegnano che la felicità...

- risiede nel presente, non ci aspetta in nessun luogo futuro;
- non dipende dall'essere più ricchi o più importanti;
- è sentirsi utili;
- è rendere felici gli altri.

Questo racconto, ispirato a una storia di autore ignoto, mette in risalto soprattutto questi ultimi due punti. Julio si sente utile inventando il parco per la sua amica. Renderla felice rende felice anche lui e lo aiuta a guarire. Pertanto, rendere felici gli altri è un gioco in cui tutti siamo vincitori.

34

UN PAIO DI BELLE SCARPE

Cambia ciò che dipende da te

Tomás soffriva sempre a causa degli altri perché non riusciva a capacitarsi di come le persone potessero avere tanta faccia tosta.

Se offriva un po' del suo panino a una compagna che aveva dimenticato la colazione, lei se lo mangiava tutto e non gliene lasciava nemmeno una briciola, per cui alla fine si ritrovavano a urlare e a litigare.

Un pomeriggio, uscendo da scuola, decise di restarsene a giocare con il suo pallone in un piccolo campo da calcio vicino a casa. Avrebbe provato qualche calcio di rigore, magari prima o poi gli sarebbe capitato di doverli calciare con la squadra della classe.

Tre alunni più grandi che stavano passando di lì gli chiesero se potevano unirsi a lui e fare una piccola partita. Tomás, contento, accettò, ma la cosa andò di nuovo a finire male. Lo misero a fare il portiere e, con un calcio, scagliarono il pallone nel cielo fino a che non atterrò sul terrazzo di un edificio abbandonato.

Poiché era impossibile andarlo a riprendere, chiese agli altri di comprargliene uno nuovo, o almeno di pagarne uno tutti insieme, ma lo guardarono come fosse matto e se ne andarono.

Il povero Tomás non faceva che collezionare arrabbiature, giorno dopo giorno, fino a essere furioso con il mondo intero. Prestava i suoi acquarelli a un compagno e lui non glieli restituiva, prendeva appuntamento per aiutare in matematica il compagno meno bravo e lui nemmeno si presentava…

Com'era possibile che le persone fossero così maleducate, ingrate, disattente, poco generose, egoiste...? Tomás si sentiva sempre più triste. Stava rimanendo senza amici a scuola perché litigava con tutti.

Un pomeriggio, la sua tutor, che aveva osservato tutto, decise di incontrarlo e gli diede un consiglio che gli cambiò la vita:

«Ti propongo di provare a cambiare te stesso, invece degli altri. Abbi maggiore cura delle tue cose, scegli attentamente con chi ti relazioni e non aspettarti che gli altri facciano quello che faresti tu. Non pensare 'Io al suo posto...' perché nessuno è al tuo posto. Siamo tutti diversi».

Tomás rimase pensieroso e la sua tutor aggiunse una frase dei nativi nordamericani che lo fece sorridere: «È più facile proteggersi i piedi con i mocassini che ricoprire di pelli tutta la terra».

PER PENSARE E CRESCERE

Quello che dipende da te

Spesso ci piacerebbe che il mondo fosse diverso. Vorremmo, per esempio, che i nostri genitori avessero più tempo per noi e non si lamentassero tanto; che i nostri compagni di classe non ci prendessero in giro per i nostri errori; che nei weekend i nostri amici ci invitassero a giocare con loro o a vedere qualche film insieme.

Questo modo di pensare può causarti vari grattacapi perché ogni persona è un mondo a sé e pensa in maniera diversa da te, perché ha un'altra famiglia, altre esperienze, altri gusti…

Ecco perché, come dice la tutor di Tomás, cercare di cambiare gli altri perché siano come vorremmo è impossibile. Quello che invece è possibile è scegliere bene i nostri compagni di viaggio, e soprattutto sapere che possiamo decidere cosa vogliamo essere, come vogliamo essere e con chi vale la pena di condividere gli istanti di vita che ci vengono donati.

35

I DUE USIGNOLI

Creare bellezza non ha prezzo

In un mercato nel Sud del Giappone, un impiegato di banca si fermò ad ascoltare il canto di un usignolo. Affascinato dalla bellezza di quel trillo, vide che proveniva da una gabbia con dentro due uccelli della stessa specie, sebbene molto diversi.

Quello che cantava aveva un bel piumaggio giallo e arancione, e un becco rosso da cui uscivano le prodigiose melodie. Accanto a lui, c'era un usignolo brutto e spiumato che per di più era anche muto.

«Quanto costa questo uccello canterino?» chiese alla donna che si occupava del banco.

«2000 yen. E l'altro 10000».

«Prendo quello da 2000» rispose l'uomo, molto sorpreso. «Si riferisce a quello che canta, vero?»

«Sì, ma mi dispiace dirle che non li posso vendere separatamente. O li compra entrambi o nulla...»

«Cosa?!» urlò l'uomo, indignato. «Com'è possibile che quell'orrendo usignolo che non canta nemmeno costi cinque volte più dell'altro. Mi sta prendendo in giro!»

L'usignolo da 2000 yen iniziò a gorgheggiare con grande maestria, sottolineando così ancora di più la protesta dell'impiegato. La donna, allora, con aria calma, gli spiegò: «La prego di fare attenzione, signore... L'usignolo che le sembra così orribile è il compositore». E poi aggiunse: «Inoltre, è l'amico del cuore di quello che canta ed è con lui che ha imparato la sua arte, poiché è cresciuto con quello che ora è l'usignolo anziano. Senza di lui, l'usignolo canterino sarebbe così triste e privo d'ispirazione che potrebbe a malapena pigolare».

PER PENSARE E CRESCERE

Nulla è meglio di creare

Sono molte le persone passate alla storia che non erano particolarmente aggraziate. Spesso nemmeno simpatiche. Proprio come l'usignolo, se ne stavano in silenzio e non erano molto popolari, ma la loro presenza e il loro amore furono così grandi da ispirare invenzioni e creazioni che cambiarono il mondo. Edison non sarebbe stato chi è stato senza l'appoggio di sua madre. Einstein forse sarebbe passato inosservato senza l'aiuto della sua prima moglie, Mileva Marić. Molti sportivi del mondo non sarebbero ciò che sono senza il sostegno delle loro famiglie, o di quell'allenatore così in gamba che li ha ispirati, illuminati e che ha dato loro la forza per andare avanti.

Spesso non siamo consapevoli dell'infinito valore dei nostri amati nelle nostre vite. Quante volte, senza rendercene conto, facciamo nostre idee che ci hanno donato loro? Quante volte una coccola, una carezza, un sorriso che ci hanno regalato hanno cambiato i nostri sentimenti e il nostro modo di vedere la vita? Quante volte, quando stavamo per mollare, la loro voce incoraggiante ci ha spinti a perseverare fino a raggiungere l'obiettivo che ci eravamo preposti?

Il nostro io è un 'noi' e nessun essere umano è un'isola. Chi ci vuol bene ci dona le ali per diventare ciò che davvero possiamo diventare e sono queste le persone che ci hanno insegnato a volerci più bene. Dovremmo ricordarle tutti i giorni per ringraziarle di cuore poiché ci hanno dato la forza per creare una vita migliore per tutti.

LE 12 CHIAVI
dell'autostima nei bambini

Senza dubbio i bambini di oggi hanno molte più risorse e possibilità di quante ce ne siano mai state, almeno nel mondo occidentale. I genitori di oggi si prodigano per procurare loro tutto quello di cui hanno bisogno e anche di più, soprattutto se dispongono di poco tempo.

Per mitigare il senso di colpa, regalano ai figli console di videogiochi che costano una fortuna e che li ipnotizzano per ore, abiti firmati e gli fanno frequentare attività extrascolastiche che riducono ancora di più il tempo che trascorrono con loro.

Tuttavia, niente di tutto questo trasformerà il bambino in un adulto felice e fiducioso se i genitori non lavorano sull'autostima.

In questo allegato didattico, conosceremo le chiavi che ci permetteranno di fare ai nostri figli il regalo più importante al mondo: fiducia in loro stessi e nel loro futuro, amore verso di sé e rapporti sani con gli altri.

In sintesi: l'autostima.

1ª CHIAVE: IL TEMPO

Leggere insieme una storia tutte le sere, come quelle che abbiamo preparato per questo libro, e poi parlarne assieme prima di dormire è un'esperienza altamente gratificante per un bambino. E non soltanto per i valori trasmessi dai racconti stessi per la sua formazione. Il fatto di poterli condividere con i genitori trasforma la lettura in un rituale in cui il piccolo si sente accolto, nutrito e interpellato.

Molti genitori moderni parlano di 'tempo di qualità' e si riferiscono al fatto che un'ora ben spesa con il proprio figlio vale molto più di tre di attenzione più superficiale. Purtroppo, i bambini non la vedono così, visto che spesso in quell'ora libera degli adulti non vogliono raccontare ciò che li preoccupa.

Affinché si possa stabilire un legame basato sulla fiducia, l'ingrediente principale è uno solo: il tempo. Di qualità ma anche di quantità, in modo che il bambino non si senta solo o trascurato.

2ª CHIAVE: L'AMORE INCONDIZIONATO

Incondizionato non significa che i genitori debbano tollerare tutto, accettare tutto e crescere un figlio viziato, bensì amare il bambino per ciò che è e per come è, senza condizioni, né desiderando che sia quel che non è.

Oltre a poter fare affidamento sul tempo condiviso con i genitori, il bambino che si sente riconosciuto e accettato sarà più facilmente un adulto con una sana autostima.

Per raggiungere questo scopo, i genitori devono avere stima nei confronti dei propri figli. E se il bambino mostra determinate abilità è bene potenziarle, riconoscere qual è il suo elemento, come direbbe Ken Robinson.

Spesso, il problema della scarsa autostima nei bambini nasce dal fatto che vogliamo siano ciò che non sono. In essi si genera un rifiuto della loro vera natura e, per adattarsi, sacrificano quello che sono. Da questo nascono parecchi problemi che possono poi condizionarli nell'età adulta.

3ª CHIAVE: L'EFFETTO PIGMALIONE POSITIVO

Quindi, l'autostima dipende in grande misura da come comunichiamo con i nostri figli e da ciò che attribuiamo loro. Frasi del tipo 'sei come tuo zio' o 'diventerai come tuo padre', se pronunciate in senso negativo, diventano una profezia di autocompimento.

Etichettato in maniera negativa, il piccolo tende a confermare le aspettative che si hanno su di lui. È il cosiddetto effetto Pigmalione.

L'autostima si forgia attraverso i messaggi che i genitori rivolgono ai figli e l'atteggiamento con cui si rivolgono a loro.

Quando a un bambino viene detto che è sporco e che non è curato, che è timido o che sembra un orso, si genera un effetto Pigmalione in negativo. E la profezia si compie. Molti insuccessi scolastici o casi di grave introversione hanno origine proprio in questa visione dei genitori che pesa su di loro come un macigno.

Ovviamente, l'effetto Pigmalione può essere positivo, se ciò che trasmettiamo al bambino è la nostra piena fiducia nelle sue possibilità.

4ª CHIAVE: PICCOLE VITTORIE

L'autostima si rafforza attraverso piccole vittorie. Festeggiamo con i nostri figli e la nostra famiglia i successi, come per esempio un libro terminato, un compito portato a termine bene, il primo gol che segna o para in una partita... Per raggiungere queste piccole vittorie, li dovremo aiutare a sperimentare. Permettere che rischino, perché non c'è nulla di più frustrante del sentirsi dire: 'Non fare questo, non sei capace/non puoi farlo'. Bisogna prendere le necessarie precauzioni, ma con la supervisione degli adulti il bambino può cucinare, può travasare una pianta...

Quello che conta è rinforzare nel bambino o nella bambina il convincimento di essere capace di fare qualcosa, di farlo bene e di poter migliorare. Mostrare quali sono le possibilità di migliorare. In questo senso, a segnare la differenza è la narrazione degli errori e delle realizzazioni, degli insuccessi e dei successi, come vedremo nel punto successivo.

Quando sono scoraggiati, perché non riescono in una materia oppure perché si sentono 'giù', ricordiamo insieme a loro le piccole vittorie. Possiamo prendere delle foto e guardarle insieme: 'Ricordi quando hai vinto quella partita?', 'Ricordi quando mi hai aiutato a ridipingere la staccionata in giardino?', 'Ricordi quando dicevi che non avresti superato l'esame e invece è andato bene?'

Appoggiarli attraverso il rinforzo positivo. Fare leva sulla memoria, su un momento o un evento positivo, un obiettivo raggiunto aiuta i nostri figli ad avere delle specie di ancore interne che più avanti potranno evocare loro stessi per andare avanti.

5ª CHIAVE: IL PERMESSO

È molto diverso dire 'Sei un incapace!' piuttosto di 'Guarda, così non è andata tanto bene, ma puoi provare a fare in quest'altro modo'. Ovvero, non prendiamo mai la parte per il tutto, evitiamo le generalizzazioni, quindi aiutiamo il bambino ad avere un senso critico. Diamogli il permesso di mettere in discussione le cose. Di rendersi conto, per esempio, che la bellezza si esprime in tanti modi e dipende dal gusto soggettivo.

In questo senso, l'ambiente famigliare riveste un ruolo molto importante, non solo nelle figure dei genitori, ma anche in quelle dei fratelli, dei nonni... Per esempio, bisogna evitare che un fratello assilli o umili l'altro perché questo può causargli una ferita nell'autostima che si porterà dietro per tutta la vita. Dialogare più che sgridare, far capire che è importante rispettare.

6ª CHIAVE: L'AMMIRAZIONE SENSATA

La base dell'autostima è nel rispetto, nell'ammirazione e nell'amore. Sono tre assi fondamentali. L'autostima di una persona cresce se si sente rispettata e ammirata, ma non di un'ammirazione gratuita. Ci sono genitori che non riprendono i figli quando fanno qualcosa che non va e questo può portare a crescere dei bambini viziati e poi un adulto narcisista. Al contrario, l'ammirazione sensata, con una motivazione, è un ottimo nutrimento per l'autostima.

Dobbiamo valutare oggettivamente le qualità, lo sforzo, le realizzazioni dei nostri figli e educarli perché diano valore agli atteggiamenti, ai comportamenti e agli sforzi degli altri. Dobbiamo riservare un tempo per il dialogo, per chiedere: 'Perché dici che è il più bravo a disegnare?' Forse perché è perseverante, perché lavora molto; questa bambina che disegna così bene può avere un talento naturale, ma di sicuro si esercita molto. Bisogna coniugare l'autostima al senso della realtà, del lavoro e dello sforzo.

Dobbiamo anche far loro presente se non stanno facendo bene qualcosa e spiegare come farla correttamente. Se hanno la camera in disordine, possiamo chiedergli, senza urlare: 'Cosa vedi qui?' Magari il letto è fatto, ma è tutto stropicciato, quindi gli chiederemo: 'Secondo te così va bene?' E possiamo mostrargli il nostro letto e aiutarli a rifare il proprio una volta, due, così la terza lo faranno da soli. E gli riconosceremo quando fanno bene qualcosa, proprio come diremo loro quando possono fare meglio.

7ª CHIAVE: L'AFFETTO

Oltre a volere bene ai figli, cosa che fa la stragrande maggioranza dei genitori, è fondamentale il modo in cui tale affetto viene espresso. Dobbiamo crescere i nostri figli tra baci e abbracci, dimostrare realmente l'affetto perché non ne dubitino mai.

Le carezze e le espressioni d'affetto non fanno mai male.

Claude Steiner, partendo dalle sue numerose osservazioni cliniche insieme agli studi lasciatigli in eredità dal suo maestro Eric Berne, formulò un'interessante teoria che definì 'Economia delle carezze' per spiegare gli effetti che esercita sull'essere umano il fatto di crescere e vivere nell'abbondanza o nella scarsità di segni di riconoscimento.

Le sue ricerche dimostrarono che, per sopravvivere e per crescere, abbiamo bisogno dell'affetto, della tenerezza, della carezza, dello sguardo, della parola, del gesto, del contatto con l'altro. Senza dubbio c'è una correlazione positiva tra la tenerezza, la cura, l'affetto e l'attenzione umana con lo sviluppo psicologico, emotivo, intellettivo e fisico dei bambini. Nasciamo uomini e donne ma diventiamo umani grazie alla carezza, allo stimolo gentile, alla tenerezza, alla compassione, alla gratitudine.

8ª CHIAVE: NON FARE PARAGONI

Chi fa paragoni non esce mai vincitore. I genitori che paragonano il proprio figlio al fratello maggiore o al cugino o a qualsiasi bambino della scuola stanno danneggiando, senza rendersene conto, l'autostima del piccolo.

Ogni bambino è un universo a parte. Quindi, guardiamoli ciascuno da una prospettiva, contempliamoli con uno sguardo unico, perché nostro figlio o nostra figlia non sono paragonabili a nessuno.

Paragonare non è accettare. È mettere un altro a modello, negando l'essenza e il valore della persona.

9ª CHIAVE: IL RICONOSCIMENTO

Riconoscere non vuole solo dire apprezzare con le parole, bensì *conoscere di nuovo*. Quindi, se ci aiutano a sparecchiare, dobbiamo fargli capire che gliene siamo grati e dire: 'Grazie mille che mi aiuti a sparecchiare', perché forse non ce ne rendiamo conto ma apparecchiare o sparecchiare è un lavoro, proprio come cucinare.

'Ti ringrazio tanto per avermi aiutato a tagliare l'erba in giardino o a raccogliere le foglie'. La gratitudine che passa attraverso questo tipo di frasi è fondamentale per l'autostima. La gratitudine, espressa quando c'è qualcuno intorno, come un amico o un parente, ha un rinforzo ancora maggiore.

10ª CHIAVE: GLI ESEMPI ISPIRATORI

I bambini hanno più bisogno che mostriamo loro le cose, più che dimostrargliele. Ciò significa insegnargli le cose partendo dal modo in cui noi stessi ci comportiamo. Per esempio, se stiamo per preparare un dolce, dire: 'Guarda, sembra facile, ma bisogna sbattere le uova, mettere il burro, fare attenzione...' Si tratta, insomma, di fare pedagogia della realtà basata su quanto costa fare le cose e farle insieme.

E, innanzitutto, un bambino non può sentirsi amato se i suoi genitori non si amano. Qualunque sia la situazione, è molto importante che i genitori mostrino di rispettarsi. Il bambino farà sua l'autostima che sente intorno. In questo senso, è molto importante sapere che siamo specchi davanti a un altro specchio.

11ª CHIAVE: IL PRINCIPIO DI REALTÀ

Ma proprio come esiste l'atrofia dell'autostima esiste anche l'ipertrofia. I genitori che viziano troppo i propri figli, che dicono loro quanto siano meravigliosi e come facciano tutto bene, alla fine crescono dei mostri.

Come direbbe Paracelso, è la dose che fa il veleno, per cui dobbiamo essere consapevoli che l'autostima non si ottiene ripetendo per tutto il giorno ai nostri bambini che sono i campioni del mondo. La vera autostima ha molto più a che fare con ciò che il bambino osserva, con il modo in cui si sente amato, e anche con il senso di realtà, ovvero, l'equilibrio tra questi tre principi:

- il piacere: dobbiamo divertirci;
- il dovere: dobbiamo fare bene le cose, tenere la casa in ordine, fare i compiti eccetera;
- la realtà: che non ci prendano in giro.

E partiamo sempre dal buon senso.

12ª CHIAVE: CREDERE È CREARE

Infine, una buona autostima dipende dall'avere una buona concezione di sé, di ciò che pensi di te stesso. Questo include una buona immagine di te, che ti piaccia fisicamente. Ci sono persone che forse oggettivamente non sono molto aggraziate, ma si vestono bene e si curano, e hanno un'immagine positiva. E da lì emerge anche una buona autostima.

Le persone che hanno nutrito la propria autostima sono resilienti, non cadono né nella critica eccessiva né nella commiserazione, ma lavorano sulle abitudini e sui pensieri positivi e trasformatori.

Possiamo dire che *credere è creare* perché, affinché i nostri figli, e noi stessi, abbiamo una buona autostima, dobbiamo *credere nelle nostre possibilità di trasformarci e nelle loro possibilità di trasformarsi*.

L'autostima ha molto a che fare con la realizzazione, con il riconoscimento, con la trasformazione della realtà, con la celebrazione delle piccole vittorie, con uno sguardo di stima e con uno spirito critico. Ovvero, con un bilanciamento tra il nutrimento emotivo e il senso della realtà, tra il piacere e il dovere.

Un'autostima ben forgiata dà vita a persone equilibrate: responsabili, con valori e propositi, umili, con capacità di dialogo e volontà di cooperare. Non c'è tesoro più grande che possiamo donare ai nostri figli.

A mia madre e mio padre: Carmen e Gabriel.
E ai miei figli: Laia, Pol e Mariona.
Non esiste amore più grande.

Álex Rovira Celma

A Niko, Kai e Ziggy.
A Mauro, Lucas, Max e Zion.
A tutte le bambine e i bambini del mondo.

Francesc Miralles

Ad Anna Casals, Mercedes Pascual e Patrizia Campana,
editor di questo libro, per la loro gentilezza e lucidità.
A Sandra e Berta Bruna, nostre agenti e consigliere.
Ad Ángeles Doñate, per averci fatto scoprire
storie del mondo che ancora non conoscevamo.
A Adriana Hernández Planillas, per la sua lettura e revisione.

A tutte le madri e i padri che fanno sognare
e svegliare i loro figli con i racconti.

Álex Rovira è uno scrittore, divulgatore, economista e imprenditore spagnolo. I suoi libri sono spesso ai vertici delle classifiche in Spagna e hanno venduto 8 milioni di copie. Il suo *Fortunati si diventa* è stato tradotto in 42 lingue. È considerato uno dei massimi esperti mondiali di Psicologia della leadership.

Francesc Miralles è un ingegnere, scrittore e giornalista spagnolo. Dopo aver lavorato al CERN, in Svizzera, si è trasferito in Giappone dove si è appassionato alla cultura e alla filosofia del luogo. In particolare quella dell'*Ikigai*, un approccio alla vita che punta a trovare la nostra ragione d'essere, la vocazione che muove le nostre intenzioni e azioni per stare al mondo con serenità ed equilibrio. Il suo manuale *Il metodo ikigai* ha ispirato anche Marie Kondo ed è stato tradotto in 36 lingue.